新时代地方高校继续教育高质量发展路径研究

江一平 著

哈尔滨出版社
HARBIN PUBLISHING HOUSE

图书在版编目（CIP）数据

新时代地方高校继续教育高质量发展路径研究／江一平著. -- 哈尔滨：哈尔滨出版社，2025. 3. -- ISBN 978-7-5484-8431-8

Ⅰ. G72

中国国家版本馆 CIP 数据核字第 2025Q0G494 号

书　　名：**新时代地方高校继续教育高质量发展路径研究**
XINSHIDAI DIFANG GAOXIAO JIXU JIAOYU GAOZHILIANG FAZHAN LUJING YANJIU

作　　者：江一平　著
责任编辑：刘　硕
装帧设计：赫小平

出版发行：哈尔滨出版社（Harbin Publishing House）
社　　址：哈尔滨市香坊区泰山路 82-9 号　邮编：150090
经　　销：全国新华书店
印　　刷：北京鑫益晖印刷有限公司
网　　址：www.hrbcbs.com
E - mail：hrbcbs@ yeah.net
编辑版权热线：（0451）87900271　87900272
销售热线：（0451）87900202　87900203

开　　本：787mm×1092mm　1/16　印张：12.5　字数：200 千字
版　　次：2025 年 3 月第 1 版
印　　次：2025 年 3 月第 1 次印刷
书　　号：ISBN 978-7-5484-8431-8
定　　价：58.00 元

凡购本社图书发现印装错误,请与本社印制部联系调换。

服务热线：（0451）87900279

前 言

　　在当今这个日新月异的时代,教育作为推动社会进步和发展的重要力量,正经历着前所未有的变革。随着科技的飞速发展和全球化的不断深入,人们对知识的渴求和对自我提升的需求日益增强,继续教育作为终身教育体系中的重要组成部分,其地位和作用越发凸显,特别是在地方高校中,继续教育不仅承载着为社会培养各类专业人才的任务,还肩负着推动地方经济社会发展、促进全民终身学习体系构建的重任。面对新时代的挑战与机遇,地方高校继续教育的发展现状却呈现出一定的复杂性和多样性。一方面,随着高等教育普及化的推进,地方高校继续教育面临着生源结构多样化、学习需求多元化的现实挑战;另一方面,在信息技术飞速发展的背景下,地方高校继续教育又迎来了教学模式创新、教育资源优化配置的宝贵机遇。因此,如何在新时代背景下,探索出一条符合地方高校继续教育特点的高质量发展路径,是教育者们亟须解决的问题。

　　本书正是基于这一背景展开深入而系统的探讨。第一章从理论层面对地方高校继续教育进行全面审视,包括继续教育的定义、重要性、面临的挑战与机遇,以及新时代地方高校继续教育的责任等;第二章聚焦于新时代地方高校继续教育的转型问题,通过具体认知、影响力场分析、目标和原则设定、路径探究,以及向"互联网+教育"模式转型等多个方面,深入剖析地方高校继续教育转型的必要性和可行性;第三章转向人才培养这一核心议题,探讨继续教育人才培养的"学分银行"机制、产教融合背景下的培养模式及乡村振兴战略下的培养模式等;第四章着重于助力与改革,从资源整合、政策助力、组织文化建设及供给侧改革等多个角度,为地方高校继续教育的改革发展提供了有力支撑;

第五章紧跟时代步伐,探讨在线平台、信息化建设、校企合作及数智化时代高校继续教育的发展等现代化创新路径;第六章回归质量管理这一根本问题,从全面质量管理的要点、内容、意义及对策研究等方面,为地方高校继续教育质量管理路径的探索提供了全面而深入的指导。

本书旨在通过系统而深入的研究,为新时代地方高校继续教育的高质量发展提供一条可行的发展路径。本书不仅能够为从事地方高校继续教育工作的管理者、教师及研究人员提供重要的参考和借鉴,还能够在推动地方高校继续教育的改革与发展、构建全民终身学习体系、促进地方经济社会发展等方面发挥积极作用。

目　录

第一章　地方高校继续教育的理论审视

在高等教育体系中,地方高校继续教育作为不可或缺的力量,承载着提升社会成员综合素质、推动终身教育体系构建的重要使命。近年来,随着社会对人才需求的多元化与高层次化,地方高校继续教育面临着前所未有的发展机遇与挑战。为了深入剖析其内涵与价值,有必要从理论层面对地方高校继续教育进行全面审视,本章主要对继续教育及其重要性进行解读,分析地方高校继续教育的挑战与机遇,研究新时代地方高校继续教育的责任与国际继续教育模式对我国的启示。

第一节　继续教育及其重要性解读

一、继续教育的界定

"继续教育"这一概念,其历史根源可追溯至1940年前后的英国与美国。自20世纪60年代起,这一理念开始在全球范围内蓬勃发展。最初,美国所提出的"继续工程教育"特指针对已获取高等教育学历或学位、并具备一定职业技能的在职专业人才,旨在不断更新其知识体系与提升技能水平的教育形式。随着时代的进步与社会的发展,继续教育的内涵日益丰富,其范畴也逐步拓展,早已超越了最初的继续工程教育范畴,成为涵盖全社会各类培训活动的广泛概念。继续教育旨在通过提升已脱离正规教育体系的社会成员的整体素质,直接有效地服务于社会主义现代化建设。

1

二、继续教育的产生

(一)继续教育思想萌芽阶段

在我国悠久的历史长河中,教育始终占据着举足轻重的地位。随着时代的变迁与社会的发展,教育的形式与内容也在不断演变,其中,继续教育作为教育体系中的一个重要组成部分,其思想的萌芽可追溯至古代。在这一时期,虽未明确提出"继续教育"这一概念,但诸多教育实践与教育思想中已蕴含着继续教育的初步理念,为后世的继续教育发展奠定了坚实的基础。

在古代社会,由于生产力水平有限,教育资源相对匮乏,大多数人接受教育的机会主要集中在青少年时期。然而,随着社会的进步,人们逐渐认识到,仅凭青少年时期所受的教育,难以满足个人成长与社会发展的需求。因此,一些有识之士开始探索如何在成年后继续学习,以提升自我,适应社会的变化,这种对持续学习的需求,成为继续教育思想萌芽的土壤。在儒家文化中,强调"学无止境"与"活到老,学到老"的观念,这些思想为继续教育的理念提供了深厚的文化底蕴。儒家学者提倡不断学习,不断修身养性,以达到"君子"的境界,这种对终身学习的追求,与继续教育所倡导的"人人皆学、时时能学、处处可学"的理念不谋而合。此外,古代的书院、私塾等教育机构,也为成年人提供了继续学习的场所与机会,这些实践在一定程度上促进了继续教育思想的发展。

除了儒家文化的影响外,古代社会中的职业传承与技艺传授也是继续教育思想萌芽的重要因素。在手工业、农业等领域,师父带徒弟的模式是常见的教育方式,这种教育方式不仅传授了技艺与知识,而且强调了实践中的学习与成长。徒弟在跟随师父学习的过程中,逐渐掌握技能,并在实践中不断完善与提升,这种职业传承与技艺传授的模式,为继续教育提供了丰富的实践经验与理论基础。

进入近代社会后,随着工业化与现代化的推进,社会对人才的需求日益多样化与专业化。在这一时期,教育体制开始发生变革,学校教育逐渐普及,但人们也逐渐意识到,仅凭学校教育难以满足个人职业发展与社会进步的需要。因此,继续教育作为一种补充与延伸教育的形式,开始受到越来越多的关注。

政府、社会团体与个人纷纷投身于继续教育的实践中,推动了继续教育思想的进一步发展。在近代教育中,教育不应仅限于青少年时期,而应贯穿于人的一生;学习也不应局限于学校之内,而应拓展到社会各个角落,这些观点为继续教育的实践提供了有力的理论支持,也为后续继续教育的发展指明了方向。

(二)继续教育的探索阶段

1.清末民初时期的继续教育

在清末民初这一社会转型的关键时期,我国涌现了一批具有前瞻视野的教育家与思想家,他们不仅在正规教育领域有着卓越贡献,而且在持续教育(今所言的继续教育)领域内进行了深入的探索与实践。以下将从黄炎培、梁漱溟、蔡元培三位代表性人物的角度出发,详细剖析其在这一领域的探索历程(图1-1)。

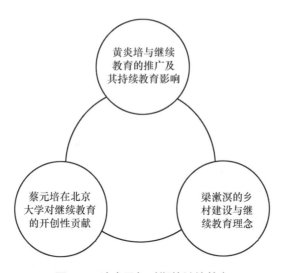

图1-1 清末民初时期的继续教育

(1)黄炎培与继续教育的推广及其持续教育影响

黄炎培作为近现代中国教育史上的重要人物,不仅是一位深具影响力的教育家,而且也是一位坚定的民主主义者和爱国主义者。他深刻认识到职业教育对于国家发展的重要性,遂于1917年创立了中华职业教育社,明确提出"使无业者有业,使有业者乐业"的职业教育宗旨,这一机构的成立,标志着职业教育在全国范围内得到了系统性的推广与实践。为了应对当时社会普遍存在的失学失业问题，以及提升就业人员，包括中下级公务员、店员、职员等群体的文化素养与职业技能水平，中华职业教育社创办了一系列职业补习教育机构，这些机构不仅为失业青年提供了再学习的机会，而且为在职人员提供了业余进修的平台，帮助他们掌握更多岗位所需的知识与技能。黄炎培及其团队勇于打破传统教育的束缚，对继续教育进行了富有成效的探索，积累了丰富的实践经验，为后世留下了宝贵的财富。

（2）梁漱溟的乡村建设与继续教育理念

梁漱溟是中国现代著名的思想家和教育家，其一生致力于乡村建设事业。在他的乡村运动构想中，"社会教育"占据了举足轻重的地位。梁漱溟认为社会教育是学校教育的重要补充，两者应相互衔接，共同构成完整、合理、统一的教育体系。他主张通过社会教育，提升乡村民众的文化素养与职业技能水平，从而推动乡村社会的整体发展。尽管由于历史条件的限制，梁漱溟的乡村建设实践并未取得预期的效果，但他在持续教育领域内的探索与实践，为后世研究者提供了宝贵的启示与借鉴。

（3）蔡元培在北京大学对继续教育的开创性贡献

在 1918 年，蔡元培先生正担任北京大学校长一职。作为一位闻名遐迩的教育家与民主革命家，他高度重视平民教育，认为教育是改变社会、推动进步的重要手段。在蔡元培的推动下，北京大学开设了"平民夜校"与"校役夜校"，这一举措不仅开创了北京大学持续教育的先河，而且标志着我国高等学校在持续教育领域内的初步探索。蔡元培的这一举措不仅为北京大学的学生、教职员工以及周边社区的居民提供了接受继续教育的机会，而且极大地推动了我国高等教育领域内持续教育的发展，这一开创性的实践体现了蔡元培对于教育的深刻理解与远见卓识，为后世的高等教育改革与持续教育发展提供了有益的参考与借鉴。

2.中华人民共和国成立初期的继续教育

中华人民共和国成立初期，国家亟待全面复兴，各行各业均处于初创阶段，如何促使在职人员迅速适应并满足社会主义建设的新需求，成为当时国家发展的核心议题。在这一时代背景下，中国开始着手推进劳动者的业余教育及在职干部的进修教育,旨在通过教育手段加速人力资源的转型与升级。中华人民共和国成立初期的继续教育类型和内容如表 1-1 所示。

表 1-1　中华人民共和国成立初期的继续教育

类型	内容
灵活多样的非全日制教育模式	在中华人民共和国成立初期,面对繁重的建设任务和紧张的工作节奏,广大在职人员难以抽出大量时间参与全日制学习。在此背景下,非全日制教育模式应运而生,并迅速成为在职人员接受继续教育的首选途径,这一模式不仅满足了工作与学习兼顾的需求,而且通过多样化的教育机构与教学方法,极大地丰富了学习形式与内容。具体而言,非全日制教育的实施机构涵盖了从夜校到函授(中华人民共和国提出,自 2025 年秋季起,高等学历继续教育不再使用"函授""业余"的名称,统一为"非脱产")学院,再到广播电视大学等多种类型,它们各自依托不同的教学资源与平台,为学习者提供了灵活多样的学习路径。教学方式上,既有传统的面对面授课,也有基于函件往来的函授教学,以及利用电视、广播等现代传媒手段进行的远程教育,这些创新的教学形式,不仅突破了时间和空间的限制,而且使得学习内容得以跨越部门、行业和学科的界限,学习者可以根据自己的职业需求和个人兴趣,自主选择学习课程、学习节奏乃至专业方向,从而实现了个性化学习的目标
集中高效的全日制进修体系	与非全日制教育并行发展的,是全日制进修体系的确立与完善,这一体系旨在通过短期的集中培训,使学习者能够全身心投入特定专业或技能的学习之中,从而快速掌握所需知识与技能。全日制进修的兴起,一方面反映了我国生产力的显著提升,为大规模的教育投资与人才培养提供了物质基础;另一方面,也凸显了国家对于高素质、高技能人才的迫切需求。在实践层面,全日制进修的形式多样,既有针对个体的短期进修班、中长期培训班,也有由单位组织、集体参与的集中培训项目,这些培训项目通常围绕特定的专业领域或技术方向展开,通过系统的课程设置、严格的考核机制以及丰富的实践环节,确保了学习成效的显著提升。此外,全日制进修还促进了知识与技能的跨领域交流,为学生提供了拓宽视野、提升综合能力的宝贵机会

三、继续教育的形式

在当今社会,知识的更新速度日益加快,继续教育的重要性愈发凸显,它不仅是个人提升自我、紧跟时代步伐的重要途径,而且是社会持续进步与创新的源泉。继续教育的形式从传统的课堂教学到现代的在线学习,从短期的专题培训到长期的学位教育,每一种形式都承载着不同的教育理念和目标,它们共同构成了一个庞大的体系,为渴望学习的人们提供了无限可能,引领着人们不断前行,在学习的道路上永不止步。继续教育的形式包括学历继续教育和非学历继续教育两大类,学历继续教育包含成人教育、自学考试和开放教育(图1-2),非学历继续教育涵盖各类培训、社区教育和文化教育等。

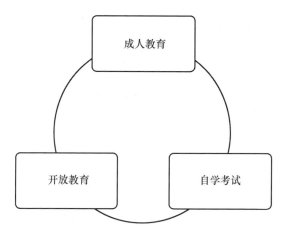

图1-2 学历继续教育的形式

(一)学历继续教育

1.成人教育

成人教育,即通常而言的通过"成人高考"录取入学,是一项面向成年人的高等教育形式,旨在为渴望继续深造的成人提供接受正规高等教育的机会,该教育体系内包含三种主要升学路径:专科起点升本科(简称"专升本")、高中起点升本科(简称"高起本")以及高中起点升专科(简称"高起专"),这些路径共同构成了成人高等教育多样化的升学网络。成人教育的学历受国家承认,并纳入国家招生计划之中,这不仅体现了国家对成人教育的重视,而且为成人学习者提供了与传统高等教育相衔接的正规渠道。在成人高等学校中,学习者可以根据自身情况选择脱产、函授或业余三种学习形式。脱产学习要求学习者全身心投入,类似于全日制学习模式,其中"高起本"学制至少四年,"高起专"至少两年,"专升本"也是两年。相比之下,函授和业余学习形式更加灵活,适合在职人员或有其他时间限制的学习者,这两种形式下"高起本"学制至少五年,"高起专"至少两年半,"专升本"则至少两年半。

2.自学考试

高等教育自学考试,作为一种以自我学习为主、结合社会助学和国家考试的高等教育形式,自1981年创立以来,已发展成为我国规模最大、最具开放性的高等教育形式之一,这一制度打破了传统高等教育的时空限制,使得任何符合条件的中华人民共和国公民,无论性别、年龄、民族或先前教育水平如何,都有机会通过自学的方式参与高等教育,并接受国家考试的检验。自学考试制度的建立,不仅体现了教育公平的理念,而且为成人学习者提供了灵活多样的学习途径。在自学过程中,成人学习者需要依靠个人的毅力与自律,结合教材、网络资源等自学材料进行学习,他们可以选择参加社会助学机构提供的辅导课程,以增强学习效果。最终,成人学习者需通过国家统一组织的高等教育自学考试,以检验其学习成果并获取相应的学历证书,这种结合个人自学、社会助学和国家考试的教育形式,不仅促进了成人学习者的自主学习能力的提升,而且为他们提供了实现自我价值和社会价值的宝贵机会。

3.开放教育

与远程网络教育相辅相成的是广播电视大学所推行的开放教育模式。开放教育其核心在于以学生为中心,致力于消除一切可能阻碍学习者前进的障碍,打破传统教育的种种限制。相较于封闭教育,开放教育在招生条件上显得更为宽松与包容,它不再将学习者的年龄、职业、地域或资格作为硬性要求,只要有基本的文化基础,学习者便可直接申请入学,不需要经过烦琐的入学考试。在开放教育的框架下,学习者拥有了前所未有的自主权。他们可以根据自己的兴趣与需求,自主选择课程、媒体资源以及学习方式。无论是学习进度的安排,还是学习时间与地点的选择,都完全由学习者根据自己的实际情况来决定,这种高度自主的学习模式,不仅激发了学习者的学习热情,而且提高了他们的学习效率。此外,广播电视大学在开放教育过程中,充分利用了多种媒体资源与现代信息技术手段。学习教材涵盖了文字、音频、视频等多种形式,教学手段则融合了在线直播、互动答疑、虚拟实验室等先进技术,这些创新性的教学元素,不仅丰富了学习者的学习体验,而且提升了教育的质量与效果。

(二)非学历继续教育

非学历继续教育主要指各类社会培训,旨在提供与职业、技能、资格证书等相关的教育和培训服务,以满足社会成员在职业发展、技能水平提升等方面的需求。社会培训内容丰富多样,包括但不限于资格证书培训、岗位证书培训、职业技能培训、企业管理培训、个人兴趣培训等。这些培训项目通常由专业的培训机构或教育组织提供,采用面授、线上或线上线下结合的教学方式进行。社会培训形式多样、灵活性强、针对性强,不受年龄、学历、职业等限制,为终身学习提供了广阔的空间。它侧重于知识的更新、技能的提升和个人兴趣的培养,旨在满足人们多样化的学习需求,促进个人成长、职业进步和社会整体提升。

非学历继续教育的类型主要包括各类高层次研讨班、研修班、进修班,职业教育,以及大学后继续教育的各类培训班、辅导班和短训班等。

各类高层次研讨班、研修班、进修班:这些项目通常面向特定领域或行业的高层次人才,旨在提升其专业素养和综合能力。

职业教育:以提高个人职业技能和素养为目的的教育形式。专注于为学生提供与职业相关的知识和技能培训,以满足其职业发展或个人提升的需求。它涵盖了各种职业培训课程、技能提升课程等,如会计师培训、心理咨询师培训、语言培训、计算机技能培训等。通过职业教育,学生可以获得与职业相关的知识和技能,提高在职场上的竞争力,从而推动个人职业发展和社会整体进步。

大学后继续教育的各类培训班、辅导班和短训班:这些项目旨在满足社会成员对知识和技能更新的需求,提供灵活多样的学习机会。

此外,非学历继续教育还包括教师教育培训项目、党政管理类项目、专业技术类项目、企业经管类项目、职业技能竞赛师资培训及职业资格考证类项目等针对不同领域和需求的培训项目。

四、继续教育的发展现状

(一)学历继续教育的发展

自改革开放以来,高校学历继续教育作为拓宽社会成员接受高等教育渠道的重要途径,为国家现代化建设输送了大量急需的专业人才,对国家的经济建设、科技进步以及社会发展产生了深远的影响。当前,高校学历继续教育整体呈现出稳定发展的态势,远程继续教育领域不断深化改革,积极探索新的办学模式,持续扩大规模;高等教育自学考试也在稳健中寻求进步,展现出蓬勃的生命力。高校继续教育体系主要由学历教育和非学历教育两大板块构成。其中,学历继续教育以函授、夜大等教育形式为主,构成了成人高等教育的核心。成人高等教育作为多数高校学历继续教育的主要办学形式,长期以来承担着为社会培养专业人才的重任。而网络教育的兴起,则以其独特的优势,逐渐成为另一种重要的办学形式,多以网络学习中心为载体,为广大学习者提供了更为便捷、灵活的学习途径。

随着生源市场需求的变化,成人高等学历教育正经历着深刻的转型。从过去以学历补偿教育为主、注重办学规模的外延式发展,逐步转向调整办学结构、多元并进,更加注重教育质量和办学效益的内涵式发展,这一转变不仅体现在办学理念的更新上,而且体现在办学实践的深化中。地方高校继续教育的内涵式发展要求地方高校在发展继续教育的办学过程中,努力推进规模、质量、结构以及效益三者之间的协调发展,努力推进地方高校继续教育的内涵式发展。高校在成人高等教育招生中所占比例的不断攀升,使得高校成为新时期开展成人高等学历教育的中坚力量。因此,高校在成人高等学历教育的未来发展路径中扮演着至关重要的角色,其办学决策将对成人高等学历教育的改革方向产生深远影响。

为了更好地推动学历继续教育内涵式发展,高校纷纷从"顶层设计"入手,进行了一系列改革。学历教育作为高校继续教育的基石,其质量直接关系到高校服务社会的能力。因此，高校在办学过程中，不仅注重提升教学质量，而且致力于优化课程建设、加强师资队伍建设、完善教学设计、强化教学管理以及改进教学评价等多个方面。高校应注重提高继续教育社会效益的比重，适当降低经济效益的比重，确保办学经费能够真正投入实际办学中去。

学历继续教育内涵式发展不仅是高校应尽的义务，而且是社会赋予高校的责任。只有将学历继续教育真正纳入人才培养体系，从多个维度进行改革与研究，才能确保教学质量的实质性提升。高校应继续深化教学改革，加强内涵建设，不断提升办学水平和教育质量，以满足社会对高素质人才的需求。政府和社会各界也应给予高校继续教育更多的关注和支持，共同推动其持续健康发展。

（二）非学历继续教育的发展

当前，高校非学历继续教育正处于快速发展阶段，其培训规模与质量呈现出复杂态势，既有令人鼓舞的进步，也存在亟待解决的问题。非学历继续教育日益受到国家教育主管部门及高校的重视，随着培训市场规模的不断扩大，高校非学历继续教育的结业生与注册生数量持续平稳增长，这一趋势反映出高校在继续教育领域的积极探索与投入，特别是在非学历培训方面的热情与决心。在肯定成绩的同时，高校非学历培训在整个非学历教育培训市场中所占的比例仍然较小。由于中等职业教育培训人数的下滑，尽管高校非学历培训数量保持增长，但其在总结业生数与总注册生数上的占比却呈现出缓慢下降的趋势。非学历培训市场的需求正在发生深刻变化，由初级层次培训逐渐向高级层次培训转移，为高校在非学历继续教育领域提供了广阔的发展空间。

在非学历继续教育日益受到重视的背景下，大多数高校纷纷涉足这一领域，但其在整个培训市场中所占的比重仍然较小。随着学习型社会构建和人才强国战略的实施，高层次培训需求不断增长，为非学历继续教育提供了巨大的发展机遇。非学历继续教育以其直接服务社会、服务经济的特点，成为教育体系中最灵活、最彰显服务意识、最能体现社会效益的办学形式。强调内涵发展，即注重质量和效益的提升。非学历继续教育主要采取市场化运作模式，所有办学机构均需参与市场竞争。高校培训质量的高低直接关系到其在市场中的竞争力。提高培训质量,不仅是高校在非学历培训市场中获得发展的关键,而且是满足社会多元化需求的必要条件。

高校继续教育的发展现状并非一帆风顺,而是机遇与挑战并存。一方面,随着人力资源相关战略的出台,国家日益重视继续教育的作用,政策支持力度不断加大。教育信息技术的快速发展,推动了继续教育领域的创新,引领了继续教育变革。社会的多元化导致教育需求日益广泛,为继续教育的发展开辟了新的空间,如学习型城市建设、社区教育等。随着社会经济快速发展,知识更新加快,人们继续学习的意愿增强,非学历培训领域的市场空间日益广阔。另一方面,高校继续教育也面临着严峻的挑战。随着普通高等教育毛入学率的快速增长和适龄入学青年总量的减少,学历补偿教育的历史使命已经完成,学历继续教育市场受到影响,这对以学历继续教育为主要办学业务的高校构成了严峻挑战。继续教育教学质量有待提高。无论是成人高等教育还是网络教育,教学质量较低已经是不争的事实,大众对其认可度和满意度处于较低水平,高校在非学历继续教育领域机制僵化、经验匮乏、市场化不足等问题突出。随着工作生活节奏的加快,传统继续教育模式难以满足新生代学生的学习需求,而基于现代教育技术的新型教学模式尚未完全建立,这些问题都制约了高校非学历继续教育的进一步发展。

面对机遇与挑战并存的局面,高校必须抓住历史发展机遇,通过改革积极应对挑战。一方面,高校应加强与政府、企业、社区等各方的合作与交流,共同推动非学历继续教育的发展。通过整合资源、优化结构、提高质量等方式,不断提升非学历继续教育的社会影响力和竞争力;另一方面,高校应积极探索新型教学模式和教学方法,以满足新生代学生的学习需求。利用现代信息技术手段,构建线上线下相结合的教学平台,实现教学资源的共享和优化配置,加强师资队伍建设和管理,提高教师的教学水平和专业素养。此外,高校还应加强非学历继续教育的理论研究和实践探索。通过深入研究非学历继续教育的特点、规律和发展趋势,为实践提供理论指导;通过总结实践经验,提炼成功案例,为其他高校提供可借鉴的范例,加强与国际先进教育机构的交流与合作,借鉴其成功经验,推动高校非学历继续教育的国际化发展。

五、继续教育的重要性解读

对于社会而言,在新时期大力发展继续教育事业,是提升全民受教育水平与整体素质的关键举措,不仅能够优化各层次人才结构,而且成为增强就业、创业及创新能力的重要途径。继续教育为社会各界注入了新的活力,促进了企业与国家的竞争力提升。通过持续学习,个人得以不断成长,企业得以持续发展,国家得以持续强盛,这一进程对构建全民参与的终身学习型社会产生了深远的积极影响。

(一)继续教育的需求性

在全球化浪潮席卷全球,竞争态势日益白热化的时代背景下,以及我国教育事业蓬勃发展的宏观框架下,继续教育的必要性与日俱增,其重要性不仅体现在国际竞争的外部驱动上,而且深深植根于我国社会经济结构转型与升级的内在逻辑之中。继续教育的需求性主要包括以下方面(图1-3)。

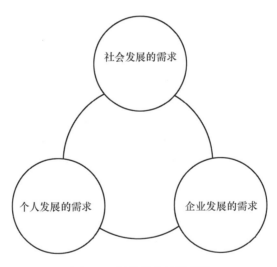

图1-3　继续教育的需求性

1.社会发展的需求

审视当前国际竞争格局与我国教育发展的现实状况,不难发现,构建创新型国家的宏伟蓝图,以及实施科教兴国战略、坚持教育优先发展的政策导向,为继续教育的发展提供了坚实的动力源泉,这一动力不仅源自外部环境的压力,而且是内生于我国社会经济持续健康发展的内在逻辑。

(1)适应社会变迁,提升就业人员能力

随着科技的日新月异,社会工业结构、技术构成及职业结构正经历着前所未有的变革,这种变革不仅要求就业人员掌握更为丰富、更为前沿的知识体系,而且对其应变能力、智能结构提出了新的挑战。面对这一系列变化,传统的一次性学校教育已难以满足当前社会发展的需求。继续教育以其灵活多样、针对性强的特点,成为帮助就业人员适应社会变迁、提升个人能力水平的有效途径。通过继续教育,就业人员可以不断更新知识结构,提升专业技能,从而更好地适应社会的发展需求。

(2)引领社会思潮,塑造正确价值观

在经济快速增长与社会转型并行的背景下,部分人群在面对新挑战、新观念时显得无所适从。为了引导这部分人群形成正确的世界观、人生观和价值观,继续教育发挥着不可替代的作用。继续教育通过系统的培训与教育,不仅传授专业知识与技能,而且在潜移默化中影响着学生的思想观念、认知水平、情感态度和行为方式,它有助于学生形成积极向上的生活态度,明确个人奋斗的方向,将综合素质教育融入家庭、社会与校园之中,促进学生全面发展,为构建和谐社会贡献力量。

(3)促进人才资本向人力资本转化

在我国庞大的待业群体中,无技能或低技能型劳动者占据相当比例。如何将这些潜在的人才资本转化为实际的人力资本,成为推动社会经济发展的关键所在。继续教育以其独特的教育模式与资源优势,成为实现这一转化的重要手段。通过分阶段、分层次地提升劳动者的职业技能水平,拓宽其知识面,继续教育不仅能够帮助劳动者在就业竞争中占据有利地位,而且能在一定程度上缓解结构性就业矛盾。

2.企业发展的需求

将企业比作一台庞大而精密的机器,教育培训则如同润滑剂,确保人力资本这一核心部件能够顺畅、高效地运转。每当市场环境或企业战略提出新的要求时,教育培训便成为提升员工各项能力水平的关键手段,它不仅能够使员工的专业知识、操作技能、工作态度、应变能力以及思维方式与企业的发展需求保持同步,而且能够为企业的日常运营提供有力的支持。如今,越来越多的企业雇主愿意在员工培训上投入大量资金,这一趋势反映出,越来越多的企业已经深刻认识到,员工能力的提升对于企业的长远发展具有不可估量的价值。每当员工的能力提升一个层次,企业所获得的回报往往是成倍增长的。因此,加强以职业技能为导向的继续教育训练,对于提升企业竞争力、确保企业在激烈的市场竞争中立于不败之地具有至关重要的作用。

3.个人发展的需求

新科技革命带来的新经济浪潮以及全球经济一体化的趋势,不仅催生了大量新兴职业,而且为传统职业注入了新的活力与元素。在这场科技革命的冲击下,一部分员工可能会面临被淘汰的风险,或处于职业转型的关键时期;而另一部分员工则需要不断适应新的工作环境,为迎接新的挑战做好充分准备。在这样的背景下,不断提升职业技能水平、延长受教育年限成为个人职业发展的必然选择。继续教育作为社会发展到一定阶段的必然产物,其重要性日益凸显。在新时代背景下,大力发展继续教育事业不仅能够满足人们对于多元化学习方式的迫切需求,而且成为优化人才结构、推动产业升级的重要手段。

继续教育在推动经济发展方式转变、提升国家核心竞争力方面发挥着举足轻重的作用。无论是线上课程、线下培训,还是实践项目、国际交流,继续教育都能够根据个人的需求和兴趣进行量身定制。此外,继续教育还注重培养人们的创新思维和实践能力。在快速变化的社会环境中,只有具备这些能力的人才能够更好地适应新的挑战和机遇。因此,继续教育不仅为个人的职业发展提供了有力的支持,而且为社会的整体进步和繁荣作出了重要贡献。

(二)继续教育的必要性

在当今社会快速发展的背景下,探讨继续教育的必要性显得尤为重要。知识更新速度日益加快,专业技能要求不断提升,这使得个人仅凭初始教育已难以满足职业发展的需求。继续教育不仅能够帮助个体拓宽知识视野,提升专业素养,还是适应行业变革、实现自我价值的重要途径。因此,深入剖析继续教育对个人成长和社会进步的作用,对于促进终身学习体系的构建具有重要意义(表1-2)。

表1-2　继续教育的必要性

分类	内容
技术环境的蓬勃发展	在当前时代背景下,国家层面对于继续教育发展的战略部署与方针指导,以及新媒体环境下技术性要求的不断攀升,为继续教育领域注入了强劲的发展动力,为其营造了优越的成长环境。在新兴信息技术的驱动下,如云计算、大数据、人工智能等技术的广泛应用,极大地丰富了继续教育的教学手段与资源,使得教学信息与资源得以跨越时空界限,实现高效共享,这不仅极大地拓宽了继续教育的覆盖面,而且显著提升了其教学质量与效率,而且为继续教育事业的蓬勃发展注入了新的活力
信息化对继续教育的挑战	随着信息化与多媒体技术的飞速发展,继续教育领域也面临着前所未有的挑战。当前,部分继续教育项目存在教学目标功利化、教学内容关联性不强、教学形式片面化等问题,这在一定程度上制约了其健康发展。随着计算机技术的普及,新知识、新技术、新理论层出不穷,特别是在信息技术引领下,理论与实践的融合日益紧密,教学内容的深度与广度不断拓宽,这对继续教育提出了更高要求。为了适应这一变化,继续教育机构必须不断自我革新,强化教学的实践性与应用性,提升办学者的责任意识与使命感。具体而言,应扩大教学规模,丰富教学内容,提升教学质量与效果,还需优化教学形式,打造独具特色的教学品牌,以满足社会发展对继续教育的多元化需求。在此过程中,办学者应摒弃"一劳永逸"的传统观念,积极推动终身学习理念的深入人心,引导学习者树立终身学习的意识,培养自主学习的能力,以适应快速变化的社会环境

(三)继续教育的有用性

在日新月异的现代社会,知识的更新速度之快前所未有,继续教育的有用性愈发凸显,它不仅是个人职业生涯发展的助推器,帮助个体不断提升专业技能和综合素质,以适应快速变化的市场需求,而且是社会持续进步与繁荣的重要基石,通过提升全民教育水平,为经济社会发展注入源源不断的活力。继续教育的多样化形式和内容,为不同背景和需求的学习者提供了丰富的学习资源和路径,使得终身学习成为可能,让每个人都能在不断学习中实现自我超越和成长。继续教育的有用性主要包括以下方面(图1-4)。

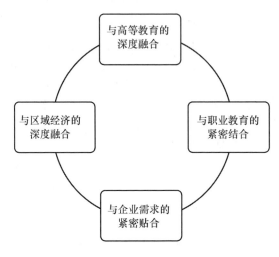

图 1-4　继续教育的有用性

1.与高等教育的深度融合

继续教育,作为终身教育体系中不可或缺的环节,其重要性在于能够充分利用多元化的教育资源,紧密贴合市场需求与社会发展趋势,积极推动高等教育与继续教育的协同发展。随着我国迈入创新型社会的门槛,构建学习型社会已成为社会发展的基石,越来越多的人开始意识到终身学习的价值,并将其视为提升个人文化素养与综合能力的关键路径。国民学历水平的提升,不仅是社会进步与发展的重要标志,而且是推动社会文明持续前行的主要动力。在这一背景下,继续教育成为提升国民综合素养的重要途径,我们应紧抓时代机遇,根据市场需求及自身发展状况,注重发展特色化教育项目;紧密结合地区经济发展状况及社会生产力水平,面向社会、市场及企业,开展成人学历教育,以满足社会成员多样化的学习需求,这种教育模式在很大程度上提高了国民的基本素质,为学习型社会的构建奠定了坚实基础。

2.与职业教育的紧密结合

改革开放以来,以劳动密集型产业为代表的工业体系迅速崛起。然而,随着我国经济的深入发展及产业结构的转型升级,商品生产结构与经济增长模式均发生了显著变化。传统的高耗低效发展模式已被打破,取而代之的是自主创新与节能环保的新型发展道路,这种经济发展模式的转变,客观上要求我们培养一批具备高素质与高技能的复合型人才,以适应新技术、新工艺的需求。继续教育在此过程中扮演着重要角色,它必须承担起这一社会使命,不断完善自身,推动复合型、综合型及技能型人才的培育。通过开放多种教育资源,发展高技能相关培训,充分发挥技能培训的优势,加强对各类技能人才的培养,这不仅为企业发展提供了专业素质与技能水平过硬的人才支持,而且为社会进步注入了新的活力。继续教育在技能培训方面的深耕细作,不仅提升了人才队伍的整体素质,而且为我国经济的持续健康发展提供了有力的人才保障。

3.与企业需求的紧密贴合

继续教育的核心使命在于培养大量技艺精湛、素质全面的生产一线应用型人才,这一使命内在地要求继续教育必须与企业的发展紧密相连。企业在不断追求创新与进步的过程中,迫切需要引入新鲜血液,维持发展活力,并推动技术革新与升级。因此,提高员工的专业素养与技能水平,是确保企业能够紧跟时代和社会步伐,实现可持续发展的关键所在。继续教育应主动融入企业发展的洪流,成为推动企业持续进步的重要力量,为企业输送高质量的专业人才,构筑起企业长远发展的坚实支撑。

4.与区域经济的深度融合

继续教育与区域经济发展之间存在着一种相辅相成、相互推动的密切关系。继续教育通过培养兼具高素质与高技能的复合型人才和专业型人才,为区域经济发展提供智力支持,推动区域经济结构与人力资源的优化调整。继续教育不仅为区域经济注入新的活力,而且通过提供技术指导与思维引领,促进科技成果向现实生产力的转化,加速区域经济的高质量发展;反之,区域经济的发展状况也在很大程度上塑造着继续教育的发展路径,包括教育质量、教育规模、教育层次等多个方面。继续教育需紧密关注区域经济的动态变化,灵活调整教育策略,以更好地服务于区域经济的转型升级和品牌塑造。

第二节　地方高校继续教育的挑战与机遇

一、地方高校继续教育的挑战

地方高校继续教育领域正面临一系列复杂而深刻的挑战。随着社会需求的不断变化,其教育质量、课程设置、教学模式及评价体系均需持续革新,以适应学习者的多元化需求,如何保持教育特色,实现内涵式发展,亦成为地方高校继续教育亟待解决的关键问题。地方高校继续教育的挑战主要包括以下方面(图1-5)。

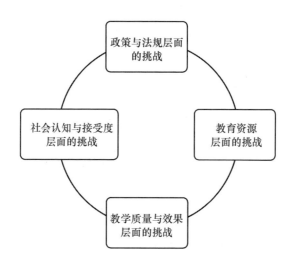

图 1-5　地方高校继续教育的挑战

(一)政策与法规层面的挑战

地方高校继续教育在政策与法规层面所面临的挑战,主要聚焦于政策法规的不健全及其实施力度的不足。一方面,目前的办学现状离文件的要求有很大差距。国家层面对继续教育给予了高度重视,相继提出了《关于严格规范高等学历继续教育校外教学点设置与管理工作的通知》《关于加强高等学历继续教育广告发布管理的通知》《教育部关于推进新时代普通高等学校学历继续教育改革的实施意见》《高等学历继续教育专业设置管理办法》《国家开放大学综合改革方案》《高等教育自学考试专业设置实施细则》《普通高等学校举办非学历教育管理规定(试行)》等文件,但在具体政策的制定与实施过程中,仍暴露出诸多不完善之处。特别是针对地方高校继续教育的政策导向,缺乏明确性与针对性,使得地方高校在继续教育领域的发展缺乏明确的指引与支持,这导致地方高校难以形成有效的发展模式与路径,进而影响了其持续发展的能力。另一方面,政策支持继续教育发展仍有不足。尽管国家对继续教育的重视程度不断提升,但在政策落实层面,地方高校往往难以获得足够的政策倾斜与资源支持,这导致地方高校在继续教育领域的投入受限,难以形成规模效应与品牌影响力,不仅影响了地方高校继续教育为社会输送高质量人才的能力,而且降低了其在教育领域的竞争力与影响力。

(二)教育资源层面的挑战

教育资源是地方高校继续教育发展的基础,教育资源层面的挑战主要包括以下方面:一是经费短缺。由于地方高校往往面临经费有限的困境,因此其在继续教育领域的投入受到严重制约,这导致地方高校在基础设施建设、师资队伍建设以及课程开发等方面难以获得有效的保障与支持,不仅影响了地方高校继续教育的整体发展水平,而且制约了其在教学质量与教学效果方面的提升。二是师资力量薄弱。由于地方高校继续教育领域对教师的专业素养与教学能力要求较高,而地方高校往往难以吸引和留住高水平的人才,导致师资力量难以满足实际需求,不仅影响了地方高校继续教育的教学质量与教学效果,而且降低了其在教学创新与教学改革方面的能力。三是教学设施落后。由于地方高校往往面临着教学设施陈旧、更新缓慢的问题,使得地方高校在继续教育领域难以提供先进的教学环境与设施条件,不仅影响了教学质量与教学效果的提升,而且制约了地方高校继续教育在现代化教学方面的发展。

(三)教学质量与效果层面的挑战

教学质量与效果是地方高校继续教育发展的核心。教学质量与效果层面的挑战主要包括以下方面：一是课程设置不合理。由于地方高校继续教育往往缺乏科学、合理的课程设置体系，导致课程内容陈旧、缺乏实用性，这不仅难以满足学生的实际需求，而且影响了教学质量与教学效果的提升，这使得地方高校继续教育在课程设置方面难以形成特色与优势，进而影响了其在教学质量与教学效果方面的竞争力。二是教学方法陈旧。由于地方高校继续教育往往沿用传统的教学方法，缺乏创新性与实践性，导致学生的学习兴趣与积极性难以被激发，这不仅影响了教学质量与教学效果的提升，而且降低了地方高校继续教育在教学创新方面的能力，使得地方高校继续教育在教学方法上难以与时俱进，难以满足现代教育的需求与挑战。三是教学质量评估体系不健全。由于地方高校继续教育往往缺乏有效的教学质量评估体系，导致教学质量难以得到有效的监控与提升，不仅影响了教学质量与教学效果的提升，而且降低了地方高校继续教育在质量管理方面的能力，使得地方高校继续教育在教学质量评估方面难以形成科学、合理的评估机制，进而影响了其在教学质量与教学效果方面的持续改进与优化。

（四）社会认知与接受度层面的挑战

社会认知与接受度是地方高校继续教育发展的重要保障。社会认知与接受度层面的挑战主要包括以下方面：一是社会对继续教育认可度不高。由于社会对继续教育的认知存在偏差与误解，导致地方高校继续教育在招生、就业等方面面临着诸多困难，这不仅影响了地方高校继续教育的招生规模与质量，而且制约了其为社会输送高质量人才的能力，使得地方高校继续教育在社会认知方面难以形成正面、积极的形象与声誉，进而影响了其在教育领域的竞争力与影响力。二是继续教育毕业生就业难。由于社会对继续教育毕业生的认可度不高，导致其在就业市场上缺乏竞争力，不仅影响了继续教育毕业生的就业率与就业质量，而且制约了地方高校继续教育在就业服务方面的能力，使得地方高校继续教育在毕业生就业方面难以形成有效的就业机制与渠道，进而影响了其为社会输送高质量人才的能力与效果。

二、地方高校继续教育的机遇

地方高校继续教育正迎来前所未有的发展机遇。在知识经济时代，社会对高技能人才的需求激增,为地方高校继续教育提供了广阔的发展空间。通过创新教育模式、深化产教融合,地方高校继续教育有望培养出更多符合社会需求的高素质人才,实现教育与经济的双赢。地方高校继续教育的机遇主要包括以下方面(图1-6)。

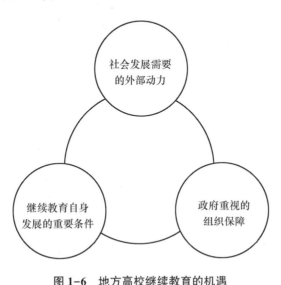

图1-6　地方高校继续教育的机遇

(一)社会发展需要的外部动力

1.经济转型升级与技能需求的跃升

在全球经济一体化程度日益加深的当下,地方经济的演进轨迹与产业结构正经历一场前所未有的深刻转型,这一转型不仅见证了新兴行业与领域的蓬勃兴起,而且为地方高校继续教育领域带来了全新的挑战与迫切的需求。作为技能型人才培养的关键摇篮,地方高校继续教育在这一转型过程中扮演着愈发重要的角色,其战略地位与使命价值愈发凸显。具体而言,地方高校继续教育通过精准对接地方经济发展的实际需求,不仅促进了地方经济的持续健康发展,而且为其注入了源源不断的活力与创新力。

2.科技革新引领教育内容与方式的转型

科技进步不断重塑着地方高校继续教育的面貌与格局,特别是信息技术、人工智能等领域的高速发展,正以前所未有的速度推动着教育内容与教学模式的深刻变革。面对这一趋势,地方高校继续教育必须紧跟时代步伐,积极拥抱科技创新,将新兴技术融入教学全过程,以满足社会对新型技能人才的迫切需求,这既要求教学内容不断更新与升级,以适应科技发展的最新成果,又呼唤着教学方法与手段的创新与突破,以培养学生的创新思维与实践能力。通过构建智能化、个性化的教学平台,地方高校继续教育能够为学生提供更加高效、便捷的学习体验,助力他们掌握前沿知识与技能。

3.社会转型对人才综合素质的更高期待

社会转型期是一个充满机遇与挑战的复杂时期,它对人才的综合素质提出了更为严格与全面的要求。在这个时期,创新能力、团队协作能力、跨文化交流能力等已成为衡量人才综合素质的重要标尺。地方高校继续教育作为人才培养体系中的重要环节,必须积极响应社会转型的号召,将提升学生综合素质作为核心任务之一。通过深化课程改革、优化教学内容、创新教学方式等举措,地方高校继续教育能够为学生提供更加全面、系统的教育服务,帮助他们成长为具备创新精神、实践能力和国际视野的高素质人才。具体而言,地方高校继续教育可以加强实践教学环节,通过校企合作、产学研结合等方式,为学生提供更多实践锻炼的机会;加强跨学科教育,拓宽学生的知识视野;注重培养学生的国际视野与跨文化交流能力,以适应全球化背景下的国际竞争与合作需求。通过这些举措的实施,地方高校继续教育将能够更好地服务于地方经济发展与社会进步,为培养更多高素质、复合型人才贡献力量。

(二)政府重视的组织保障

在当前教育改革的浪潮中,地方高校继续教育迎来了新的发展机遇,其中政府重视为其提供了坚实的组织保障。政府通过制定相关政策、加大财政投入力度,为地方高校继续教育提供了良好的发展环境,积极协调各方资源,优化教育资源配置,为地方高校继续教育的高质量发展注入了强劲动力,这些举措不仅提升了地方高校继续教育的社会地位,而且为其长远发展奠定了坚实基础。政府重视的组织保障的分类与内容如表1-3所示。

表 1-3　政府重视的组织保障的分类与内容

分类	内容
政策引领与法规保障	政府在地方高校继续教育的发展中扮演着至关重要的角色。为了推动地方高校继续教育的持续健康发展,政府出台了一系列相关政策法规,如继续教育发展规划、财政支持政策等,这些政策法规不仅为地方高校继续教育的发展提供了明确的指导方向,而且为其提供了有力的法律保障。高校继续教育部门要依据地方经济发展实际,从高校继续教育要转变人才培养模式、转变就业导向、转变服务地方经济方式、转变校企资源对接方式等方面入手,促进服务地方经济发展方式的能力转变。在政策的引领下,地方高校继续教育得以在更加规范、有序的环境中蓬勃发展
教育资源的优化配置与倾斜	政府在地方高校继续教育资源配置方面发挥着举足轻重的作用。通过加大对地方高校继续教育的资金投入力度、优化设施建设等措施,政府为地方高校继续教育的发展提供了坚实的物质基础,注重教育资源的优化配置与倾斜,确保地方高校继续教育能够获得更加公平、合理的资源分配,这一举措不仅提升了地方高校继续教育的办学质量,而且为其提供了更加广阔的发展空间
监管机制的建立与完善	为了保障地方高校继续教育的规范发展,政府还建立了完善的监管机制。通过质量评估、监督检查等手段,政府对地方高校继续教育的办学质量、教学效果等方面进行全面监督与评估,这一举措不仅有助于地方高校继续教育及时发现并纠正问题,而且为其提供了持续改进与提升的动力。在监管机制的保障下,地方高校继续教育得以在更加健康、稳定的环境中不断发展壮大

(三)继续教育自身发展的重要条件

　　继续教育不仅承载着个人技能提升与知识更新的使命,还推动着社会整体知识结构的优化与进步,其持续健康发展,离不开政策扶持、资源投入、市场需求与技术创新等多方面的有力支撑,这些条件共同构成了继续教育发展的坚实基础,促使其在时代变迁中焕发新的活力,为构建学习型社会贡献力量。继续教育自身发展的重要条件主要包括以下方面(图 1-7)。

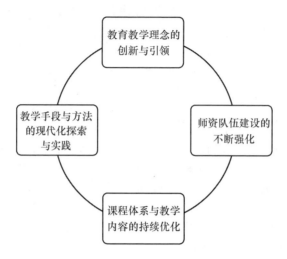

图1-7 继续教育自身发展的重要条件

1.教育教学理念的创新与引领

地方高校继续教育领域在教育教学理念上持续寻求创新与突破,致力于将一系列先进理念融入教育实践之中。终身学习理念被深度贯彻,它强调个体在生命全程中持续学习的重要性,鼓励学生在离开校园后仍能保持学习的热情与动力。产教融合的理念也被广泛采纳,这一理念倡导教育与产业的深度融合,通过校企合作、工学交替等方式,教育内容更加贴近实际生产需求,为学生搭建起从校园到职场的无缝对接桥梁,这些创新理念的实施,不仅引领了地方高校继续教育教学模式的深刻变革,而且为学生提供了更为灵活、多元的学习路径。教育教学理念的创新与引领在实践中取得了显著成效,不仅丰富了教育资源,还极大地提升了学生的学习体验,使地方高校继续教育在培养高素质人才方面展现出更强的竞争力。

2.师资队伍建设的不断强化

师资队伍作为地方高校继续教育的核心资源,其整体素质与教学能力直接关系到教育质量的高低。为了提升教师队伍的竞争力,地方高校继续教育领域采取了一系列有力措施。一方面,通过加大人才引进力度,吸引国内外优秀人才加入,为教师队伍注入"新鲜血液";另一方面,加强教师培训,定期组织教学研讨会、学术交流活动等,提升教师的专业素养与教学技能水平。同时,完善激励机制,通过设立教学奖项、科研成果奖励等方式,激发教师的积极性与创造力,这些举措的实施不仅显著提升了地方高校继续教育教师队伍的整体素质,而且为其长远发展提供了坚实的人才保障。师资队伍的强化提升了教育教学的质量,为地方高校继续教育在激烈的市场竞争中赢得了更多优势。

3.课程体系与教学内容的持续优化

地方高校继续教育在课程体系与教学内容方面,始终保持着对市场需求的敏锐洞察力与对学生特点的深入分析。通过广泛调研,了解行业发展趋势与人才市场需求,不断调整课程体系设置,确保教育内容与社会需求紧密相连;注重理论与实践的结合,加强实践教学环节的设计与实施,通过案例分析、项目实践等方式,学生在掌握理论知识的同时,具备解决实际问题的能力;注重教学内容的更新与升级,紧跟科技发展的步伐,将最新成果融入教学之中,确保学生所学知识与时代同步,这些举措的实施,不仅提升了地方高校继续教育的市场竞争力,而且为其赢得了广泛的社会认可与赞誉,使其在培养适应社会发展需求的高素质人才方面发挥了重要作用。

4.教学手段与方法的现代化探索与实践

随着信息技术的飞速发展,地方高校继续教育在教学手段与方法上也进行了深刻的现代化探索与实践。在线教学、混合式教学等新型教学模式的广泛应用,打破了传统教学的时空限制,使学生能够在任何时间、任何地点进行学习,极大地提高了学习的便捷性与效率,这些现代化教学手段与方法的应用,还促进了教学方式的多样化与个性化,满足了不同学生的学习需求与风格。通过利用大数据、人工智能等先进技术,对学生的学习行为进行分析与预测,为教师提供更加精准的教学指导与反馈,从而进一步提升教学效果与学习体验,这些现代化教学手段与方法的探索与实践,不仅为地方高校继续教育的发展注入了新的活力与动力,而且使其在信息时代背景下展现出更强的适应性与竞争力。

第三节　新时代地方高校继续教育的责任

地方高校继续教育是我国继续教育领域的中坚力量,为我国的区域社会经济发展培养了大批优秀人才,其科学合理的定位对于提高全民素质、促进区域经济社会发展等方面起着举足轻重的作用,地方高校继续教育定位应结合自身的实际现状,在科学原则的指导下,从宏观和微观两个角度,即社会回应和个性回归,对其继续教育办学进行科学定位。新时代地方高校继续教育的责任主要包括以下方面(图1-8)。

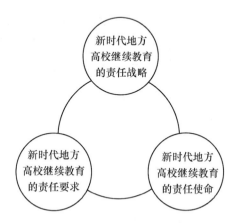

图1-8　新时代地方高校继续教育的责任

一、新时代地方高校继续教育的责任战略

(一)实施"科教兴国战略"

在新时代背景下,科技进步成为推动国家发展的核心动力,而高等教育的质量则直接决定了这一动力的强弱。地方高校继续教育,作为高等教育体系的重要组成部分,其重要性日益凸显,它不仅为我国特色社会主义事业提供了源源不断的人才支持,实施"科教兴国战略"而且通过其独特的教育模式——内容的先进性、方法的多样性、对象的广泛性、需求的市场导向以及高度的灵活性,极大地提升了科技成果的转化率,这些特性使得地方高校继续教育成为培养高科技人才和复合应用型人才的重要平台,为科教兴国战略的实施奠定了坚实的基础。因此,地方高校应持续加大继续教育力度,将其视为推动国家科技进步和社会发展的重要途径。

(二)实施"人才强国战略"

如今,地方高校继续教育在提升人才综合素质方面发挥着不可替代的作用。随着时代发展,人们越发认识到终身学习的重要性。据统计,个体在大学期间获得的知识仅占其一生知识储备的一小部分,这意味着继续教育成为个体适应社会发展、提升竞争力的关键。地方高校通过继续教育,为各类人才提供了学习新技能、新知识的机会,帮助他们更好地适应工作环境,应对激烈的市场竞争,这不仅为人才自身的发展提供了广阔空间,而且为国家实施"人才强国战略"提供了有力支撑。

(三)实施"创新驱动发展战略"

创新驱动发展战略是国家发展的重要引擎,而地方高校继续教育则是这一引擎中的重要组成部分。地方高校作为智力资源的聚集地,拥有丰富的科研和人力资源,为社会创新提供了坚实的基础。通过继续教育,地方高校能够与经济发展实现深度融合,促进产学研用一体化发展,形成强大的创新驱动力。在这一过程中,地方高校继续教育的前瞻性、实践性和灵敏性得到了充分展现,成为政府和企业培养创新型人才的首选途径。就国际视野而言,高校继续教育在技能创新中的作用同样不可忽视。许多国外公司在进行技能创新时,都会寻求高校继续教育的支持,说明高校继续教育在创新驱动发展战略中的地位不可或缺。对于地方高校而言,应充分利用自身优势,加强与政府、企业的合作,共同推动创新驱动发展战略的实施。

二、新时代地方高校继续教育的责任使命

步入新时代,社会生产力的提升已不再单纯依赖劳动者的工时累积或是劳动量的简单堆砌,而是越发侧重于科学技术的整体进步及其在生产实践中的深度融合。尤其是如今,教育与社会发展的纽带关系被进一步拉近,在这一背景下,知识的转化与创新应用,无疑成为推动经济增长、社会进步与人类文明跃升的核心动力。相较于传统的高等教育,地方高校继续教育更加注重培养适应特定岗位或职业群体需求的综合型、复合型人才,旨在为社会经济的各

行各业输送高质量的服务与技术支持,这一教育模式与经济社会发展紧密相连,它不仅致力于提升劳动者的职业素养,激发其智力潜能,而且着重于塑造良好的职业道德与健全的人格品质,传授前沿的生产技术与管理理念。

地方高校开展的继续教育项目能够直接提升劳动者的专业技能水平,进而提高其劳动生产率,为区域经济的繁荣发展注入强劲动力。从宏观视角审视,继续教育对于推动全面建设社会主义现代化国家的新征程同样具有深远意义。在迈向小康社会、加速构建社会主义现代化强国的征途中,国民教育水平的普遍提升,无疑将成为支撑我国经济持续增长、政治稳定、文化繁荣和社会全面进步的关键要素。在这一进程中,地方高校承担着不可推卸的责任与使命,它们需要充分发挥自身优势,不断创新继续教育的内容与形式,以满足经济社会发展对人才的多元化需求。地方高校应紧密围绕地方产业发展趋势,设计具有前瞻性和实用性的课程体系,确保所培养的人才能够迅速适应市场需求,成为推动产业升级和技术创新的中坚力量,促进理论知识与实践经验的有机结合,为学习者提供更加宽广的职业发展空间。此外,地方高校还需关注继续教育在促进社会公平与和谐方面的作用。通过提供灵活多样的学习方式,降低教育门槛,更多人有机会接受高质量的职业培训,从而提升整个社会的劳动力素质,缩小城乡、区域间的人才差距,为构建更加公正、包容的社会环境贡献力量。

三、新时代地方高校继续教育的责任要求

在新时代的浪潮中,地方高校作为高等教育体系的重要组成部分,其在继续教育领域的责任与使命越发凸显,这一进程不仅要求地方高校在制度保障、内部结构优化以及教育资源整合等方面作出积极应对,而且需紧密围绕社会经济发展的实际需求,以创新的姿态推动继续教育事业的蓬勃发展。在地方高校继续教育的科学发展中,厘清概念是前提,准确定位是基础,提高质量是保障,注重资源整合是关键,多模式共举是出路。新时代地方高校继续教育的责任要求主要包括以下方面(图1-9)。

(一)加强制度保障系统建设

教育体制及其制度的创新,为地方高校继续教育的内涵式发展与外延式

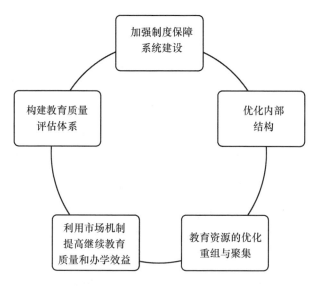

图 1-9　新时代地方高校继续教育的责任要求

拓展提供了坚实的外部支撑与有力保障。在此过程中,赋予地方高校足够的自主权,是确保其能够灵活、高效地开展继续教育工作的关键。相关教育行政部门应致力于精简政务流程,适度下放权力,强化宏观管理职能,为地方高校继续教育的发展营造良好的外部环境;注重宏观调控,科学规划继续教育的发展战略、规划方针与政策导向,以引导地方高校继续教育事业的健康、有序发展。

地方高校自身需深入思考如何有效实施继续教育管理体制的创新,将其纳入学校的整体发展规划之中。面对继续教育在高校内部存在的模糊定位、分散管理等问题,地方高校需积极探索解决之道,如通过明确继续教育在学校发展中的地位、优化管理机制、提升管理效率等方式,逐步解决分散办学、机制不健全、效率低下等瓶颈问题。此外,地方高校还需注重政府、学校、社会及个人之间的多元联系与互动,从根本上理顺管理关系,明确上下级管理职能,为学校的自主办学奠定坚实的制度基础。在此过程中,应充分激发全国不同地区广大人民群众的创造力与积极性,共同推动地方高校继续教育事业的繁荣发展。

（二）优化内部结构

地方高校继续教育结构的优化,是提升其办学质量与效益的重要途径。就办学方式而言,地方高校应积极探索函授、面对面授课、远程教育等多种形式的继续教育模式,以满足不同学习者的个性化需求。就层次结构而言,地方高校继续教育应涵盖学历教育与非学历教育两大领域,实现不同序列与层次上的协同发展。然而,协同发展并非意味着同等规模的发展,而是要根据当前社会发展的重点与需求,优先发展某些领域或方向。作为与社会发展紧密相连的教育类型,地方高校继续教育在培养劳动者的职业素质、发展智力、塑造职业道德素质、人格特质以及推动生产技术转移等方面发挥着重要作用。因此,地方高校应以更加积极的姿态调整其继续教育内部结构,紧密围绕国家经济社会发展的实际需求,为国家培养更多高素质、高技能人才。

（三）教育资源的优化重组与聚集

在高等教育大众化的背景下,地方高校继续教育面临着资源短缺的严峻挑战。为应对这一挑战,地方高校应充分利用现有资源,通过内外部资源的有效整合与补充,提升继续教育的办学实力与水平。一方面,地方高校应深入挖掘校内资源潜力,通过优化资源配置、提高资源利用效率等方式,为继续教育提供坚实的物质基础;另一方面,地方高校应积极拓展外部资源渠道,通过政府支持、校企合作、社会捐赠等多种方式,广泛筹集教育资源,为继续教育的持续发展提供有力保障。

在资源结构调整方面,地方高校应引入市场机制,通过制度创新推动教育资源的优化配置与集聚。例如,建立学习成果积累转化体系,促进继续教育与普通高等教育、职业教育之间的沟通与衔接,实现学分互认与转换,这不仅有助于学习者在不同教育类型之间自由流动与选择,而且能够实现对教育资源的科学重组与高效利用,有效缓解地方高校继续教育发展任务与资源需求之间的矛盾。

（四）利用市场机制提高继续教育质量和办学效益

地方高校继续教育市场作为教育市场的一个细分领域,遵循着价值、供求与竞争等市场规律。在这一市场中,地方高校继续教育机构为了保持竞争力,不得不重视并优化自身的办学条件,加强内部管理,提升服务质量,从而实现自我完善与持续发展。市场机制在此发挥了重要作用,价值规律确保了教育机构和教育工作者的劳动价值得到相对客观公正的评价,激发了教育创新的活力。在公平的市场竞争中,地方高校继续教育应寻求突破,通过优化资源配置、提高教学效率等方式,实现了办学效益的显著提升,这一过程不仅促进了地方高校继续教育自身的健康发展,而且为整个社会的教育效益提升作出了积极贡献。

(五)构建教育质量评估体系

地方高校继续教育质量的提升,离不开一套科学、完善的教育质量评估体系,这套体系能够对地方高校继续教育的教学质量进行客观、全面的衡量与评价。在构建这一评估体系时,地方高校继续教育需要综合考虑多个方面,更为关键的是,地方高校继续教育需要高度重视教育对象,即学习者的需求与反馈,将评价的重点放在学习者的收获与效果上,这要求地方高校继续教育不仅要关注教学过程的规范性,而且要注重教学结果的实效性,确保学习者能够真正掌握所学知识,提升个人能力与素质。此外,地方高校继续教育需要不断完善评估体系的反馈机制,及时收集、整理并分析学习者的反馈意见,以便对教学质量进行持续改进与优化,这一过程不仅有助于提升地方高校继续教育的教学质量,而且能够为地方高校继续教育的未来发展提供有力的支撑与保障。

第四节　国际继续教育模式对我国的启示

国际继续教育领域的多样实践为我国提供了宝贵的启示。在全球化背景下,借鉴国际先进教育模式,结合本土实际,创新继续教育路径,对于提升我国继续教育质量、满足社会多元化学习需求具有重要意义,值得深入探索与研究。国际继续教育模式对我国的启示主要包括以下方面(图1-10)。

一、深化校企合作继续教育模式

在全球范围内审视继续教育领域的发展态势,不难发现,高等教育机构与

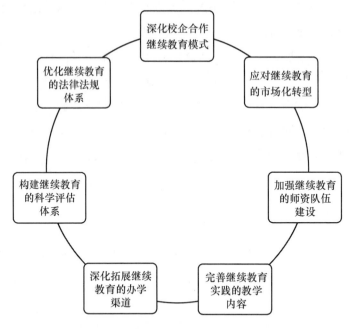

图 1-10　国际继续教育模式对我国的启示

企业间的紧密协作已成为国际继续教育模式的鲜明特色。此种合作模式通过诸如委托定向培养、联合设立教育机构、组织进修培训等多元化途径,有力地促进了继续教育的专业化与产业化进程。在这一框架下,高校与科研机构、企事业单位的深度交融,不仅为管理人员及专业技术人员提供了丰富多元的教育资源,而且有效推动了教育资源的共享与信息技术的互通有无,形成了互利共赢的良好局面。然而,将目光投向我国地方高校,在校企合作继续教育领域,仍面临合作模式相对单一、双方联系不够紧密等现实问题,这些问题在一定程度上束缚了企业的成长步伐,同时也制约了教育工作整体水平的提升,成为亟待解决的关键所在。

我国地方高校亟需借鉴国际先进经验,深化校企合作,以期在继续教育模式上实现创新突破。实际操作中,地方高校可积极与企业携手,共同规划人才培养方案。依据企业的实际需求,灵活开展定制化、模块化的继续教育培训项目,确保教育内容与岗位需求高度契合;强化与企业间的沟通与合作,联手开发教育资源,不断提升教育质量与培训成效;双方可共建实训基地与研发中心,为学生提供宝贵的实践锻炼平台,从而在实战中提升他们的实践能力与创新能力,为未来的职业生涯奠定坚实基础,这一系列举措的实施,将为地方高校校企合作继续教育模式的深化发展注入强劲动力。

二、应对继续教育的市场化转型

随着继续教育的市场化特征日益显著,市场管理体制的构建与完善成为不可回避的议题。在这一背景下,为了更有效地推进市场机制在继续教育领域的渗透与完善,我国地方高校继续教育机构需深入考量一系列关键问题。

(一)生源导向下的战略定位与内容创新

面对日益多元化的学习者群体,地方高校继续教育机构需明确自身的办学特色与定位,这不仅是提升品牌影响力与吸引力的关键,而且是实现可持续发展的基石。为此,地方高校继续教育机构应密切关注市场动态,对产业转型升级和结构调整的动向进行敏锐捕捉与深入分析,以此作为教育专业合理布局的重要依据。通过大数据分析与市场调研,地方高校能够精准把握学习者的实际需求与兴趣点,从而设计出既符合市场需求又彰显办学特色的专业教学内容。在此基础上,地方高校继续教育机构还需不断优化课程设置,确保教学内容既具有前瞻性,又贴近学习者的实际需求,以此提升学校的核心竞争力与吸引力。例如,学校可增设新兴学科与交叉学科课程,以满足学习者对新知识、新技能的渴望,通过引入国际先进教育理念与教学资源,提升教学内容的国际化水平,拓宽学习者的国际视野。

(二)职业需求引领下的教学方案优化与能力培养

相较于传统普通高等教育,地方高校继续教育在教学培养方面应展现出更为鲜明的职业导向与实践性,这意味着继续教育的教学方案需更加注重职业需求与业务能力的培养,旨在帮助受教育者在掌握理论知识的同时,提升解决实际问题的能力。为此,地方高校继续教育工作者需对继续教育项目的课程设置进行精心调整,如增加替代课、选修课以及实践课等,以更好地满足用人单位的实际需求。通过引入项目式学习、案例分析、模拟实训等教学方法,地方高校继续教育机构能够增强学习者的实践操作能力,缩短受教育者与职场之间的距离。地方高校还应加强与企业的深度合作,共同开发教学课程与实训基地,实现教育资源与产业资源的深度融合,为学习者提供更加贴近职场实际的学习体验。

(三)市场化管理方式下的资源整合与便捷性提升

在继续教育的管理过程中,地方高校应积极探索校内教学资源的合理开发与利用,广泛吸纳社会资源,共同举办形式多样的专业技术培训项目。这一过程中,地方高校需打破传统观念的束缚,以更加开放的心态和姿态拥抱市场化转型,确保公平竞争与资源优化配置。通过引入市场化管理方式,地方高校继续教育机构不仅能够有效降低教学风险,还能在提升办学质量的同时,为学习者提供更加便捷、高效的学习体验。例如,学校可以探索线上线下相结合的混合式教学模式,利用"互联网+教育"的优势,打破时空限制,为学习者提供更加灵活多样的学习选择。此外,地方高校继续教育机构还应加强与在线教育平台的合作,共同开发优质在线课程,实现教育资源的共享与互补,为学习者提供更加丰富的学习资源。

三、加强继续教育的师资队伍建设

当前地方高校继续教育师资队伍面临着稳定性不足与师资短缺的双重挑战,这一现状的根源,部分归咎于对继续教育价值的认知不足,导致许多地方高校在师资配置上未能给予足够的重视。具体表现为多数高校缺乏专职从事继续教育工作的教师队伍,转而依赖普通高校全日制课程的教师资源及外部聘请的兼职教师,这些教师往往对成人学习者的独特性与实际专业水平缺乏深入了解,教学模式趋于单一,即传统的讲授式,鲜少运用现代化的教学手段,致使学生的学习体验较为被动,成效不佳。

除整体继续教育环境氛围的影响外,继续教育教师的薪酬水平偏低也是导致师资力量薄弱的关键因素之一,这不仅削弱了教师的职业责任感,而且直接影响了教学质量。因此,构建并优化一支高质量的继续教育教师队伍,尤其是"双师型"(同时具备理论教学与实践操作能力)教师队伍,已成为地方高校

继续教育发展中亟待解决的核心议题。针对上述问题,地方高校在改善继续教育师资队伍方面,应从以下维度着手:

第一,地方高校继续教育机构需加大教师队伍建设的力度,确保教师队伍的数量与质量能够充分满足继续教育学习者的多元化需求。在此过程中,兼职教师作为教师队伍的重要组成部分,其角色不容忽视,这些兼职教师多源自企事业单位,拥有深厚的业务专长与丰富的实践经验,包括中高级技术人员与高层管理人员。他们通过实践教学,能够传授宝贵的行业经验,有效提升继续教育学习者的专业技能水平与综合素质。地方高校应拓宽兼职教师的引入渠道,建立健全兼职教师管理机制,充分发挥其在继续教育中的独特价值。

第二,地方高校继续教育机构还需注重自身师资力量的培训与提升,以增强技术人才的培养效果。当前,受学历待遇差异的影响,部分高技术人才更倾向于选择事业单位从事科研工作,而非高校,这在一定程度上阻碍了地方高校"双师型"教师队伍的合理构建。为破解这一难题,地方高校应采取积极措施,加强对"双师型"教师的培养力度,并持续提升现有师资队伍的整体素质。具体而言,地方高校应鼓励教师深入企业开展实地调研与项目合作,通过实践锻炼,丰富教师的实践经验,促进理论知识与实践技能的深度融合;加强师资培训基地的建设,邀请行业专家与学者,为教师提供专业发展与能力提升的定制化培训;积极组织教师参与国内外学术会议与交流活动,为提升教学质量奠定坚实基础。

在具体实施策略上,为教师提供实践锻炼的平台,也为企业输送具备理论知识与实践技能的高素质人才;完善教师激励机制,通过提高薪酬水平、提供职业发展机会等措施,增强教师的职业吸引力与归属感,从而吸引更多优秀人才投身于继续教育事业。

四、完善继续教育实践的教学内容

在推动继续教育改革的进程中,深入探索并完善教学内容成为继续教育工作者面临的重要课题。对于地方高校而言,这一任务尤为紧迫与关键。完善继续教育实践的教学内容主要包括以下方面(图1-11)。

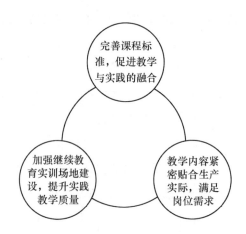

图 1-11　完善继续教育实践的教学内容

（一）完善课程标准，促进教学与实践的融合

在教学过程中，地方高校应积极致力于课程标准的制定与完善，以确保继续教育能够实现教学与实践的紧密结合，这一目标的实现需要继续教育管理人员深入研究教学内容，精心设计教学方案，力求将理论知识与实践操作有效融合。通过构建科学合理的课程体系，地方高校可以帮助学生更好地理解和掌握相关理论知识，提升他们的实践操作能力。具体而言，地方高校应依据行业发展趋势和岗位需求，不断更新和完善课程标准。在制定课程标准时，应充分考虑学生的实际需求和学习特点，确保教学内容既具有前瞻性又贴近实际；注重课程内容的实用性和可操作性，以使学生在学习过程中能够更好地掌握相关技能和方法。

（二）教学内容紧密贴合生产实际，满足岗位需求

在选择继续教育教学内容时，地方高校应充分考虑受教育者的工作实际和岗位需求，这意味着教学内容需要与受教育者的职业岗位紧密相关，能够反映企业生产的实际要求。为了实现这一目标，地方高校需要深入了解企业的实际需求，与企业建立紧密的合作关系，共同开发符合岗位需求的教学内容。在教学内容的设计上，地方高校可以采用项目式、案例式、任务式等教学方法，

将企业的实际工作流程融入教学内容中。通过模拟真实的工作环境,地方高校可以帮助学生更好地掌握工作实操技能,了解职业要求,感受真实的工作环境,这种教学方式不仅可以提升学生的学习效果,而且可以增强他们的就业竞争力,为未来的职业发展奠定坚实的基础。

(三)加强继续教育实训场地建设,提升实践教学质量

为了保障继续教育实践教学课程的顺利开展,地方高校应积极加强实训场地的建设。实训场地是实践教学的重要载体,对于提升学生的实践能力和创新能力具有至关重要的作用。因此,地方高校应投入足够的资源,加强对实训场地的建设和维护。在实训场地的建设上,地方高校可以借鉴国外的成功经验。例如,一些高校和企业都设立了专门的继续教育培训机构,为学习者提供了良好的实践环境。地方高校可以与企业合作,共同建设实训基地,实现资源共享和优势互补,利用自身的专业优势,开发具有特色的实训项目,以满足不同学习者的需求。此外,地方高校还应注重实训场地的管理和维护,加强实训教师的培训和管理,提升他们的专业素养和教学能力,为实践教学的顺利开展提供有力的保障。

五、深化拓宽继续教育的办学渠道

在追求教育多元化的今天,拓宽办学渠道不仅意味着要构建多系统并行的教育框架,而且要求课程的种类与深度实现多元化,以适应不同层次学习者的多样化需求。当前,我国继续教育的渠道与模式尚显单一,主要依托高等院校,且培训项目费用相对较高,这在一定程度上减少了部分人群接受继续教育的机会。就教学内容而言,我国继续教育偏重学术性,实用性不足,难以满足社会对复合型人才的需求。鉴于此,我们必须充分调动社会各界的力量,实现继续教育服务渠道、系统与形式的多元化发展。在此基础上,借鉴国际继续教育的成功经验,对于我国地方高校深化拓展办学渠道具有重要意义。

(一)实现办学主体多元化,构建地方高校继续教育新生态

为了有效拓展继续教育的业务范围,地方高校继续教育管理部门应积极

探索办学主体的多元化路径,将高等院校、国有企业、私营企业以及政府机构等多元主体纳入继续教育的范畴,形成优势互补、资源共享的继续教育新生态。多元化的办学主体结构,不仅丰富了继续教育的形式与内容,而且促进了教学方法的创新与优化,为地方高校继续教育的发展注入了新的活力。

(二)促进办学层次多样化,满足不同层次人才发展需求

地方高校继续教育机构应针对不同层次的人才进行课程体系的合理构建与分析,开展有针对性的培训工作。对于中级技术人员和管理人员,地方高校应注重理论与实践的结合,通过案例分析、实操演练等方式,帮助他们深入理解行业技术与理论,提升专业技能水平和管理能力;对于高层次科研人员,地方高校则应以前沿科学技术培训为主,邀请国内外知名专家学者进行专题讲座和学术研讨,激发他们的创新思维。在此基础上,地方高校还应加强与行业企业的合作,共同开发符合市场需求和行业标准的培训课程,实现教育内容与产业需求的无缝对接,通过校企合作、产学研一体化等模式,推动继续教育成果向现实生产力转化,为地方经济社会发展提供有力的人才支撑和智力支持。

六、构建继续教育的科学评估体系

随着教育改革的不断深入,我国地方高校继续教育质量评估体系的构建与完善日益受到重视。为了提升教育质量,相关部门应加大对继续教育经费的投入力度,为教师队伍的建设提供坚实的保障。在此基础上,地方高校应积极探索科学的教育评估体系,确保评估工作的客观性和公正性。一方面,地方高校可以建设多渠道评估系统,包括学生评价、同行评价、社会评价等多个方面,以全面反映教育质量的真实情况,加强教育执政机构与执法机关的督导作用,确保评估工作的严格开展和教育质量认证体系的落实与完善;另一方面,地方高校应探索符合自身特色的评估方法和指标体系,为落实教育工作质量监控体系奠定良好的基础。

七、优化继续教育的法律法规体系

地方高校应积极优化完善相关法律法规体系。在这一过程中,地方政府

及人大应发挥关键作用,针对地方高校继续教育的发展现状,制定和落实相关法律法规细则,确保政府对继续教育投入资金的扩大与稳定支撑。具体而言,地方政府可以出台相关政策措施,鼓励和支持地方高校开展继续教育项目,提供必要的经费和资源保障;加强监管力度,确保继续教育项目的规范运作和资金使用效率;各级有关部门还应做好相关法律法规的深入贯彻与落实工作,加强对地方高校继续教育的指导和支持,为提升继续教育工作水平奠定坚实的基础。在此基础上,地方高校还应加强自身建设,提升办学水平和教育质量。一方面,加强师资队伍建设,引进和培养一批高素质、专业化的继续教育教师;另一方面,加强教学管理和服务体系建设,借鉴国际先进经验,推动继续教育的国际化发展。

第二章 新时代地方高校继续教育的转型

随着社会的快速发展和教育需求的多元化,地方高校作为区域人才培养与知识创新的重要基地,其继续教育领域亟须进行深刻变革,这一转型不仅关乎地方高校自身的持续发展,而且直接影响到地方经济社会的全面进步。因此,深入探索地方高校继续教育的转型路径,成为当前教育领域亟待解决的重要课题。本章主要从地方高校继续教育转型的具体认知入手,分析地方高校继续教育转型影响力场,探究地方高校继续教育转型的目标、原则和路径,研究"互联网+"时代的地方高校继续教育转型。

第一节 地方高校继续教育转型的具体认知

一、地方高校继续教育转型的要义

转型作为一个深刻的变革过程,涵盖了结构形态、运作模式和思维观念的全面革新,它不仅代表着从一种稳定状态向另一种稳定状态的过渡,而且是对变化环境主动适应和积极创新的表现。地方高校继续教育转型,正是在这一宏观背景下,对旧体系的重塑和新秩序的构建。

地方高校继续教育功能的转型,是其整体转型过程中的关键环节,这一转型主要受到两股力量的推动。一方面,终身教育理念的风靡,不仅拓宽了地方高校继续教育的受众范围,丰富了其功能维度,更新了其实现途径,而且深刻改变了社会公众对继续教育的认知,推动了学习化社会的形成;另一方面,地方高校主动承担地方继续教育重任,积极与各行业和领军企业合作,使自身成为地方政府、行业和企业信赖的继续教育中心,成为技术加速变革的助推器、传统产业转型升级的转换器、新兴产业人才培养的摇篮。在这一时代背景下,地方高校继续教育已超越了学历补偿的单一功能,开始向"能力提升型"教育转变,将学历教育与职业教育有机融合,以更好地满足个体终身学习和全面发展的需求。

与此同时,地方高校继续教育的发展目标也迎来了转型。随着普通教育扩招的浪潮,成人学历教育需求的高峰逐渐消退,依靠继续教育提升学历的需求显著减少。在此背景下,单一的学历提升需求开始向多元化的自我发展需求转变。地方高校作为地方经济和社会发展的重要支柱,必须密切关注社会转型的动向,及时调整和规划自身的发展目标。结合区域经济社会的发展状况及地方高校继续教育自身的需求,其发展目标从追求规模效应转向了提升内涵质量,并以打造精品项目、树立品牌形象为新的发展目标。

在探索地方高校继续教育转型的过程中,特色发展路径的创新同样不可或缺。地方高校继续教育在依托母体高校软硬件设施办学的优势基础上,更应坚守自身的独特性。当前,部分地方高校继续教育存在盲目追求实用化或综合化的倾向,导致众多高校开设相似专业,教学内容和办学形式趋于同化,却忽视了母体学校自身的学科优势和发展特色。地方高校继续教育应明确自身定位,紧密结合原有特色和发展需求,探索出一条具有自身特色的转型之路。

二、地方高校继续教育转型的理论

地方高校继续教育正处于转型的关键时期,其转型的理论探讨显得尤为重要。从国际视野到本土实践,从教育理念到教学模式,满足社会多元化学习需求,具有重要的理论与现实意义。地方高校继续教育转型的理论主要包括以下方面(图2-1)。

(一)地方高校继续教育转型的终身学习理论

在人生的每一个阶段,从婴儿到老年,教育都是一个不可或缺的元素,它伴随着个体的成长与发展,形成了终身学习的理念。终身学习这一融合了个人教育与社会教育的理念,不仅是对个体一生所受教育的全面概括,而且是对人们持续学习、终身发展的有力倡导。终身学习因其灵活性、持续性和全民性

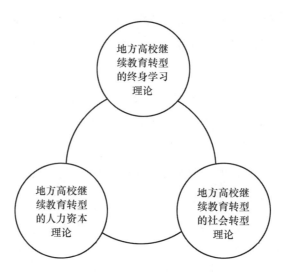

图 2-1　地方高校继续教育转型的理论

的特点,成为人们追求自我提升的重要途径。地方高校继续教育凭借其丰富的资源优势,成为实现这一理念的重要载体,为社会成员提供了正规有效的教育及培训活动,帮助他们不断提升自我,适应社会的发展变化。

　　地方高校继续教育在转型过程中,深受终身学习理论的影响,这一理论不仅为地方高校继续教育的发展提供了有力的支撑,而且成为其不可或缺的一部分,它强调了教育在个体一生中的重要性,以及在不同阶段、不同区域中教育的多样性与差异性。对于地方高校而言,终身学习理论更是具有独特的意义,它要求地方高校继续教育不仅要关注知识传授,而且要关注个体在不同阶段的学习需求,以及如何在各区域中实现教育的多样性。在终身教育理念的引领下,地方高校继续教育不断寻求转型与突破,开始关注社会成员的学习需求,提供更为灵活多样的教育服务,积极与社会各界合作,共同推动教育资源的共享与优化,这些努力不仅提升了地方高校继续教育的质量与效益,而且促进了社会的持续进步与发展。

　　(二)地方高校继续教育转型的社会转型理论

　　地方高校继续教育的转型深深植根于社会转型的广阔土壤之中,两者之间的内在联系日益紧密。社会转型理论这一揭示人类社会从传统迈向现代深刻变革的理论框架,为人们理解地方高校继续教育转型提供了重要的视角,它不局限于社会物质层面的转型,如从农业社会向工业社会,再向知识社会的跃迁,涵盖了精神文明的深刻变革。

地方高校继续教育转型,正是在这一宏大的社会转型背景下展开的,它不仅要适应经济结构的调整、产业升级的需求,而且要积极回应社会价值观念、生产动力、生活方式等方面的深刻变化。在这一过程中,地方高校继续教育转型呈现出多维度的特征,它不仅关注教育内容的更新与教学方法的革新,而且致力于培养能够适应社会转型需求的高素质人才。

通过对社会转型理论的深入解读,人们可以清晰地看到,地方高校继续教育转型不仅是对社会转型的被动适应,而且是主动引领和推动社会转型的重要力量,它通过培养具有创新精神和实践能力的人才,为社会的现代化发展提供了智力支持和人才保障。因此,社会转型理论对于探究地方高校继续教育转型的实践路径和策略,具有不可替代的重要意义。在这一过程中,地方高校应充分发挥自身优势,积极探索符合自身特点和社会需求的继续教育转型之路,为社会转型和现代化发展作出更大的贡献。

(三)地方高校继续教育转型的人力资本理论

在经济社会的宏伟蓝图中,人力作为一种核心资本,其蕴含的知识与技能是推动社会进步与经济发展的关键力量。正如资本须经投资方能增值,人力资本的积累同样离不开持续的投入,而教育,尤其是高质量的教育,无疑是人力资本投资中最为关键的环节,它不仅能够提升个体的知识与技能水平,而且能为社会培养出大批高素质人才,为经济发展注入不竭动力。

地方高校作为高等教育体系中的重要组成部分,其继续教育在提升人力资本质量方面扮演着举足轻重的角色。无论是学校教育还是在职培训,地方高校继续教育都致力于提高人力资源的整体水平,进而有效促进社会经济的持续增长。在这一过程中,人力资本所展现出的价值远超物质资本,成为推动社会进步的关键因素。从人力资源开发的视角出发,人力资本理论对地方高校继续教育转型的影响深远且广泛。

在转型过程中,地方高校继续教育应坚守服务社会的基本职能,摒弃功利化的办学倾向,避免将教育视为单纯谋取经济利益的工具;地方高校应追求经济效益与社会效益的和谐共生,确保继续教育的发展不偏离社会文化的主流方向,真正为社会文化的繁荣贡献力量。

通过提供高质量的教育服务,地方高校继续教育应努力实现社会效益的最大化,为推动社会进步贡献自己的力量。地方高校继续教育中的职业培训,实质上就是人力资本积累的一种重要途径,它不仅能够提升个体的职业技能水平与素养,而且能为高层次职业教育体系的建设提供有力支撑。

三、地方高校继续教育转型的意义

当代中国正经历一场全方位、深层次的社会转型,这一转型不仅体现在经济结构的优化升级、政治体制的改革深化,而且反映在文化观念的更新迭代和社会治理的现代化进程中。在这场历史性的变革中,地方高校继续教育作为社会大系统中的一个关键要素,正面临着前所未有的机遇与挑战。地方高校继续教育转型的意义主要包括以下方面(图2-2)。

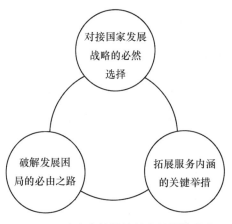

图2-2 地方高校继续教育转型的意义

(一)对接国家发展战略的必然选择

在当今时代,继续教育在国家整体发展架构中的重要性愈发显著,它与学前教育、职业教育等共同构成了教育体系的关键支柱。地方高校通过一系列政策举措,如实施高等学历继续教育专业管理的精细化策略、推行年度发展报告制度等,不断强化自身的办学主体责任,致力于完善继续教育质量保障体系,力求在人才培养质量上实现全面提升。在这一宏观背景下,地方高校作为继续教育领域的核心力量,发挥着不可替代的作用。

(二)拓展服务内涵的关键举措

随着高等教育的蓬勃发展和社会需求的日益多样化,高校与外界的联系愈发紧密,社会服务职能的重要性也日益凸显。就国际视角而言,高校通过继续教育开展社会服务已成为一种普遍趋势。众多知名高校纷纷开设继续教育课程、搭建在线教育平台等,为社会各界提供丰富的学习资源和培训机会,从而极大地提升了高校的社会影响力。地方高校应以此为镜鉴,充分利用继续教育灵活性强、周期短、见效快的特点,使其更加直接、高效地服务社会、回馈社会。地方高校继续教育不仅能够拓宽服务领域、提升服务质量,而且能为地方经济社会的全面发展提供更加坚实的支撑与保障。在这一过程中,地方高校将继续教育作为深化社会服务职能的核心策略,不仅有助于提升自身的社会影响力,而且能为社会的持续进步贡献更多的智慧与力量。

(三)破解发展困局的必由之路

地方高校继续教育在历经多年快速发展后,已取得显著成绩,为高等教育大众化进程作出了重要贡献。然而,在这背后,也显现出了一系列问题,如思想观念陈旧、制度建设滞后、质量保障缺失、资源供给紧张等,这些问题如不及时解决,将制约地方高校继续教育的可持续发展。与此同时,外部形势的变化也对地方高校继续教育提出了新的要求。地方高校继续教育必须直面挑战,从教育内部开始寻求转型变革。通过更新教育观念、完善制度建设、强化质量保障、优化资源配置等措施,地方高校继续教育可以逐步破解发展困局,实现由规模扩张向内涵发展的转变。

四、地方高校继续教育转型的机遇与挑战

(一)经济社会发展对地方高校继续教育的新期待

随着经济社会的不断深化变革,人才竞争日益白热化。经济转型、创新驱

动、国家核心竞争力的提升,每一项都离不开高素质复合型人才的支撑。然而,传统的学历补偿教育模式已难以满足当前社会的需求。地方高校继续教育亟须摆脱旧有桎梏,与在岗人员的职业规划紧密对接,满足他们终身学习、终身发展的迫切愿望。实现从"学历导向型"向"能力提升型"教育模式的华丽转身,实现学历教育与职业教育的深度融合,成为地方高校继续教育改革创新的当务之急,这不仅是提高人才培养质量的内在要求,而且是地方高校继续教育在新时代背景下实现可持续发展的必然选择。

(二)终身教育理念为地方高校继续教育转型注入新活力

随着知识经济时代的到来,终身教育体系的构建已成为世界各国教育改革和发展的核心议题。终身学习这一理念正逐渐深入人心,成为人们追求的美好生活方式和价值导向。在数字化浪潮的席卷下,人们原有的知识储备和技术技能已难以适应日新月异的社会需求,因此,教育被赋予了更多使命,它必须为人们提供更多的继续学习机会,助力个体实现终身发展。地方高校继续教育,作为完善终身教育体系和建设学习型社会的重要力量,正迎来前所未有的发展机遇,它不仅是人们终身学习的重要平台,而且是推动社会进步和发展的重要引擎。

(三)社会转型背景下地方高校继续教育发展的新课题

地方高校继续教育作为社会教育的重要组成部分,其责任和使命不容忽视。然而,在现实中,地方高校继续教育的发展仍面临诸多困境。就办学定位而言,学历继续教育仍是许多地方高校继续教育的主体和核心,这在一定程度上限制了其服务社会的广度和深度。就办学模式而言,地方高校继续教育多依附于高校本身的教学设施和师资资源,缺乏自身特色,盲目模仿普通高等教育,导致教育质量和效果不尽如人意。面对这些挑战和困境,地方高校继续教育必须勇于担当,积极作为。一方面,要紧跟时代步伐,不断创新办学理念和模式,提升教育质量和效果;另一方面,要加强与社会各界的联系与合作,拓宽服务领域和渠道,增强服务社会的能力和水平,在新时代背景下实现华丽转身,为经济社会发展贡献更多智慧和力量。

第二节　地方高校继续教育转型影响力场分析

地方高校继续教育转型会遭遇种种有利与不利因素,面对各地实情,应灵活施策,迅速立法,精准预判转型难题,确保转型之路稳健前行。在向学习导向的终身教育迈进时,地方高校应巧妙平衡各方力量,让继续教育转型不仅成为可能,而且要转得有道、转得高效。

一、高校继续教育转型的驱动力力场

在探索地方高校继续教育转型的深刻历程中,众多内外部动因交织融合,形成了一个复杂而强大的驱动力体系,引领其稳步前行。一方面,这些动因根植于社会经济的全面转型与产业升级,对高技能人才的持续需求为地方高校继续教育提供了广阔的发展空间;另一方面,这些动因源自教育领域内对终身教育理念的不断深化,以及对教育质量与创新能力的不懈追求。这些因素相互交织,既反映了社会变迁对教育领域的深刻影响,也揭示了教育自身在适应与引领社会发展中的内在逻辑与力量。高校继续教育转型的驱动力力场主要包括以下方面(图 2-3)。

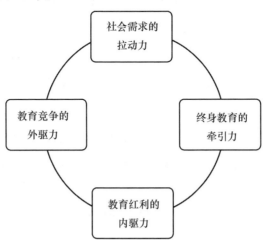

图 2-3　高校继续教育转型的驱动力力场

（一）社会需求的拉动力

如今,人们正处于一个全面而深刻的社会转型期,地方高校继续教育作为教育体系的重要组成部分,与社会其他领域之间存在着千丝万缕的联系,其转型与发展必然受到社会变革的深刻影响。

1.经济形态的转变

我国经济已从计划经济体制转向市场经济体制,经济增长方式也从粗放型向集约型转变,这一转变要求地方高校继续教育必须紧密配合国家经济发展战略,调整学科结构,优化资源配置。一方面,要稳步发展学术性的继续教育,为高层次人才培养提供支撑;另一方面,要大力发展非学术性继续教育,满足社会对多样化人才的需求。

2.科学技术的革新

知识经济时代的到来,伴随着知识的高速发展与技术的快速迭代,这给传统教育模式带来了前所未有的挑战。现代信息技术的主流趋势正加速向现代化、网络化、智能化转型,这一深刻变革不仅重塑了人类的日常生活,而且更颠覆了传统的学习范式。在此背景下,地方高校继续教育需积极顺应时代潮流,充分利用现代信息技术的强大赋能,打破时空限制,积极探索并实践创新的教学模式,旨在增强学生的学习力与自我驱动的学习能力。现代信息技术的蓬勃发展,通过拓宽招生渠道、扩大教育覆盖范围,已成为推动地方高校继续教育转型的核心驱动力,显著提升了教育的效率与质量。

3.政治体制的改革

在法治社会建设的浪潮中,高校继续教育部门需主动作为,深入探索法学理论,积极培育法律人才,为法治社会的构建添砖加瓦。随着国家法律体系的不断健全,地方高校继续教育获得了坚实的法律支撑,转型过程中遇到的种种挑战也有了明确的法律指引与解决方案,为其创新发展提供了有力保障。

（二）终身教育的牵引力

纵观全球,人力资源与科技进步始终是推动经济社会持续进步的双引擎。

当前,我国正处于社会转型与经济发展的关键时期,社会主义市场经济体制不断完善,教育领域的市场化趋势日益显著。在这一背景下,地方高校继续教育作为教育体系的重要组成部分,正面临着前所未有的挑战与机遇。值得注意的是,随着社会对知识价值的认识不断加深,人们更加注重知识的获取与学习过程的体验,而非仅仅追求一纸文凭,这种变化要求地方高校继续教育必须对传统的教学模式与规章制度进行深刻反思与革新,以适应现代社会发展的需求。在此背景下,终身教育理念成为地方高校继续教育转型的重要牵引力,它要求地方高校继续教育不仅要满足人们当前的学习需求,而且要着眼于未来,构建适应终身学习的教育体系,地方高校继续教育可以更好地服务于学习型社会的建设,实现教育功能的多元化与可持续性发展。

(三)教育红利的内驱力

教育红利作为人力资本投资所带来的回报,是衡量教育效益的重要指标之一。对于地方高校继续教育而言,其所能产生的教育红利不仅体现在社会效益与经济效益上,而且体现在人才效益的提升上。在终身教育体系的构建中,地方高校继续教育扮演着举足轻重的角色,它不仅要承担高等教育与职业培训相融合的任务,而且要将优质教育资源与市场资源紧密结合起来,为社会提供高端继续教育与职业培训服务。

(四)教育竞争的外推力

在当下这个充满挑战与机遇并存的时代,地方高校继续教育正经历着一场深刻的转型。在这场转型中,教育竞争的外推力成为推动其不断前行的重要力量。地方高校继续教育置身于一个高度竞争的教育环境之中。在这个环境中,不改变就意味着停滞不前,甚至被淘汰。只有不断提升效率、收益和声誉,才能在快速发展的教育领域中保持优势,赢得竞争的胜利。

地方高校继续教育与普通高等教育之间的竞争尤为激烈。普通高等教育凭借其长期办学积累的优势、优越的条件和丰富的经验,地方高校继续教育在资金、条件和影响力等方面存在一定的限制,这使得其在高等学历教育市场中占据优势变得尤为困难。然而,地方高校继续教育并未因此气馁,而是积极寻求突破,努力提升自身的竞争力。地方高校继续教育依托高等学校的办学条件、资源实体和生源优势,在竞争中展现出了独特的竞争力,这种竞争力不仅体现在其教育质量上,而且体现在其服务社会的广度和深度上。在这场转型中,地方高校继续教育将不断追求卓越,努力成为教育领域中的佼佼者。

二、高校继续教育转型的抑制力力场

在地方高校继续教育迈向新时代的征途中,转型之路并非坦途,而是充满了来自内外部环境的种种抑制力量,这些力量构成了地方高校继续教育转型过程中的抑制力力场,对其转型进程产生了深远的影响。

(一)路径依赖的惯性力

随着社会的不断发展,终身教育的理念逐渐深入人心,地方高校继续教育的生存环境正在发生深刻的变化。过去,路径依赖的存在推动了大学的继续教育体系的发展;如今,它的惯性力却成为阻碍高校继续教育转型和发展的绊脚石。在路径依赖的作用下,遵循现有的模型更为方便和低风险,这导致地方高校在转型过程中缺乏足够的动力和勇气去打破旧有的框架和束缚。

(二)传统思维的阻滞力

文化作为社会发展的重要基石,既承载着历史的厚重,又引领着未来的方向。然而,在文化的长河中,既有光辉,也有阴影。中华民族创造了无数璀璨的文化瑰宝,为人们留下了宝贵的精神财富,它们照亮了人们的前行之路。可我们的文化深处也蕴含着保守、古老的特质,这种保守性在一定程度上阻碍了现代化进程,成为地方高校继续教育转型过程中的一道文化障碍。传统社会文化如同根深蒂固的藤蔓,深深缠绕在社会成员的心中,其影响持久而深刻,成为转型道路上最难跨越的鸿沟。在地方高校继续教育领域,这种传统思维的阻滞力尤为明显。一方面,传统教育模式注重基础知识体系的教学,强调正规办学模式和学历追求,这种惯性思维使得地方高校在转型过程中难以摆脱旧有框架的束缚;另一方面,传统社会文化中的保守性也导致地方高校难以在转型之路上迈出坚实的步伐。

（三）个体定式的惰性力

在地方高校继续教育转型中,个体定式的惰性力源自人类长久以来形成的思维惯性与行为模式,它在高校继续教育转型的进程中扮演着不容忽视的角色。地方高校继续教育转型,并非简单的策略调整或模式转换,而是一场涉及思维方式、组织结构乃至文化层面的深刻变革。在这场变革中,个体定式成为转型路上的一大挑战,它根植于人的内心深处,通过惯性定式、知觉定式和安全定式等多种形式,阻碍着地方高校继续教育转型的顺利推进。个体定式的惰性力主要包括以下方面(图2-4)。

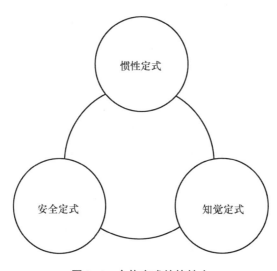

图 2-4　个体定式的惰性力

1.惯性定式

在地方高校继续教育转型的过程中,个体往往会因为习惯的力量,而难以跳出传统的思维框架。一旦面临新的情境或挑战,个体往往会不自觉地沿用旧有的思维惯性,选择用熟悉的方式来应对,这种惯性定式,不仅限制了思维的灵活性,而且在无形中拖延了转型的步伐。地方高校继续教育的管理者和教师,在长期的教学实践中形成了特定的教学习惯和管理模式,这些习惯在转型初期往往成为改革的绊脚石,使他们难以迅速适应新的教学模式和管理要求。

2.知觉定式

人类的感知是有选择性的,人们往往只能注意到自己感兴趣或认为重要的信息,而忽视其他信息的存在。在地方高校继续教育转型的背景下,这种知觉定式导致一些人即使意识到变革的必要性,也往往因为个人经验和兴趣的限制,而无法全面、深入地理解转型的真正意义。他们可能会忽视那些有助于发现问题和解决问题的线索,甚至对转型过程中出现的挑战和机遇视而不见。知觉上的局限性不仅影响了转型的深度和广度,而且可能使地方高校继续教育转型错失发展的良机。

3.安全定式

改革往往伴随着不确定性,这种不确定性对于追求稳定和安全的人类而言,无疑是一种挑战。在地方高校继续教育转型的过程中,个体往往会因为担心未知的未来而产生抵触情绪。他们害怕自己无法适应新的工作环境和要求,害怕失去现有的利益和安全保障。安全定式不仅阻碍了转型的顺利进行,而且可能引发一系列负面情绪和行为反应。地方高校继续教育的管理者和教师们,在面对转型带来的角色转换、工作任务调整和利益重新分配时,往往会因为对未知的恐惧而采取保守态度,从而影响了转型的速度和效果。

面对个体定式所释放的惰性力,地方高校继续教育的管理者需要采取积极有效的措施来应对。具体而言,可以通过加强宣传教育、提供培训支持、建立激励机制等手段来激发个体的改革热情和创新精神;通过优化组织结构、完善管理制度、强化团队协作等方式来降低转型过程中的风险和不确定性,从而增强个体的安全感和归属感。

(四)组织停滞的拖延力

地方高校作为培养高素质人才的重要基地,其内部组织的健康运行是保障教育质量、推动教育创新的关键。然而,在实际运作过程中,地方高校继续教育机构往往会出现组织停滞现象,成为其转型过程中的一大障碍。组织停滞是指组织在发展过程中因缺乏必要的变革和创新而陷入的一种停滞不前的状态。地方高校继续教育机构作为高校内部的一个组成部分,同样面临着这一挑战。

　　地方高校办学目标定位模糊,特色品牌意识淡薄。在高等教育日益普及的今天,地方高校在办学过程中往往缺乏明确的定位和目标,导致教育特色不鲜明,品牌效应不突出,这种模糊的定位不仅影响了地方高校继续教育的发展质量,而且限制了其转型的空间和潜力。

　　地方高校继续教育管理程式守旧,激励机制缺失。在管理过程中,一些地方高校过于依赖传统的经验式管理,缺乏创新意识和灵活性,激励机制的缺失也导致教师和学生的积极性和创造性受到打击。在这种氛围下,地方高校继续教育转型的难度可想而知。地方高校继续教育教学模式传统,师资资源落后。作为教育活动的核心要素,教师的素质和能力直接关系到教育质量的高低。然而,在一些地方高校中,部分教师对新的教学模式和技术缺乏了解和掌握,仍然沿用传统的教学方法和手段,这种保守的教学态度不仅限制了学生的学习空间和发展潜力,而且阻碍了地方高校继续教育转型的步伐。就组织决策的角度而言,如果地方高校继续教育机构的思维不能跟上时代的步伐,那么其改革进程必然会受到限制。在转型过程中,组织决策起着至关重要的作用。只有具备前瞻性和创新性的组织决策,才能引领地方高校继续教育向更高层次、更宽领域发展。

第三节　地方高校继续教育转型的目标和原则

一、地方高校继续教育转型的目标

　　地方高校继续教育转型意味着地方高校继续教育需在办学类型间进行转变与优化,从原有的框架中跳出,迈向一个全新的发展阶段,从而实现地方高校继续教育全方位、多层次、多角度的提升与革新。地方高校继续教育转型的目标主要包括以下方面(图2-5)。

(一)从传统阶段性教育转向终身教育

　　在教育领域的广阔图景中,地方高等院校的继续教育正步入一场旨在深化教育体系革新与紧密对接时代需求的转型历程。此番变革的核心驱动力,

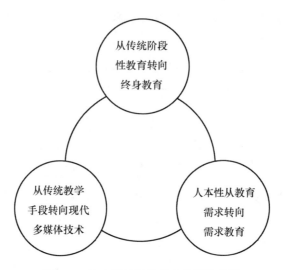

图 2-5　地方高校继续教育转型的目标

源自对传统阶段性教育的超越,以及对终身教育理念深刻认同与积极实践的新趋向。过往,继续教育多聚焦于学历获取与职业技能的速成,然而,随着社会的快速变迁,终身教育的理念逐渐渗透至教育的各层面。终身教育应成为伴随个体一生的持续过程,为个人的全面发展与成长奠定坚实基础。

在此背景下,地方高等院校在继续教育转型中积极探索与其他教育形态的有效衔接机制,强化与教育体系各层级的内在联系,旨在构建一个更为连贯、开放的终身学习网络。其中,继续教育学分积累与转换机制的构建尤为关键,它使得学习者在不同教育情境下的学习成果得以相互承认与整合,极大地激发了学习者的热情与创新潜能。此外,地方高等院校旨在消除学历与技能间的壁垒,促进学习者的全面发展。同时,更为灵活的学分制、学制与管理机制的引入,也为满足学习者的个性化需求提供了可能,进一步推动了终身教育理念在实践中的深化与拓展。

(二)人本性从教育需求转向需求教育

随着民办非学历继续教育模式的蓬勃发展,地方高校继续教育领域正经历一场深刻变革,这一变革不仅体现在教育形式的多样化上,而且在于教育理念的根本性转变。地方高校不再仅仅满足于提供基本的教育服务,而是积极回应个体成长与自我管理的内在需求,推动继续教育向个性化、特色化的方向加速前行。在经济社会的全面转型期,学习型社会与终身学习理念已成为时代潮流。地方高校继续教育转型不仅是地方高校继续教育适应经济社会发展需求的必然选择,而且是满足学习者多元化学习需求的战略调整。在这一转型过程中,地方高校继续教育需敏锐捕捉到教育需求的深层次变化。从学术需求到专业需求,再到广泛的学习需求,这一递进式的转变构成了转型的核心,它要求地方高校在实践中,实现从"育才"向"全面发展"的跨越,从"传授"向"激发自主学习"的转变,最终达到"被动学习"向"主动学习"的质变,这不仅是对传统教育理念的革新,而且是地方高校继续教育转型的终极目标——构建一个"以人为本、需求导向"的教育生态,让每一位学习者都能在其中找到属于自己的成长路径。

(三)从传统教学手段转向现代多媒体技术

在探讨教学手段的演进历程中,现代多媒体技术与传统方法的融合转型成了一个显著趋势。随着远程教育数字化平台的日益精进,这一转型正深刻改变着教学与学习的范式。众多高等教育机构,尤其是那些在教育领域走在前列的顶尖学府,正积极探索信息技术在继续教育中的创新应用途径。在此过程中,教育行政机构通过梳理成功案例,致力于提升教育福祉,为地方高校继续教育的繁荣发展奠定了坚实基础。地方高校应不断探索与创新教学手段与学习模式,为终身学习体系的构建与社会发展的持续推动贡献力量,开启地方高校继续教育发展的新篇章。

二、地方高校继续教育转型的原则

分析地方高校继续教育转型路径,最重要的是分析转型的影响域,地方高校继续教育转型的原则主要包括以下方面:

(一)理念转型的先导原则

在探讨地方高校继续教育转型的过程中,理念转型是一个至关重要的先导原则。教育理念作为教育实践活动的灵魂,不仅源自教育实践意识的觉醒与提升,而且贯穿于教育实践的全过程,成为推动教育创新与变革的根本动力。地方高校继续教育,作为高等教育与社会服务的重要交汇点,其转型之路更是离不开教育理念的深刻变革(图2-6)。

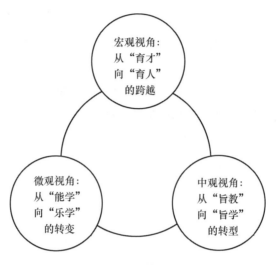

图 2-6　理念转型的先导原则

1.宏观视角:从"育才"向"育人"的跨越

地方高校继续教育兼具高等教育与继续教育的双重属性,其根本目的在于培养具备更高能力与素养、更强适应性的社会成员。在这一过程中,高校继续教育不再仅仅局限于学历补偿或职业技能提升,而是逐步向终身教育目标迈进,实现教育本质的回归——从"育才"向"育人"的深刻转变。在这一转变中,地方高校继续教育不再仅仅关注知识的传授与技能的训练,而是更加注重学生的全面发展,包括道德品质、社会责任感、公民意识等综合素养的培养,这种转变不仅体现在课程设置与教学方式的革新上,而且深入教育理念的核心层面,强调智育与德育、美育的有机融合,促进个体潜能的充分释放与全面发展。

2.中观视角:从"旨教"向"旨学"的转型

地方高校继续教育在转型过程中,还需实现从"旨教"向"旨学"的深刻转变,即以学习者为中心,注重培养其自主学习、主动探索的能力,这一转变不仅是对传统教育模式的颠覆,而且是对后现代教育理念的积极响应与实践。

(1)素质教育作为转型的载体与契机

地方高校继续教育应借助素质教育的力量,摆脱以教师为中心的传统教育模式,实现从重教轻学到重学轻教的根本转变,这种转变不仅体现在教学方法的革新上,而且体现在教育理念的深刻重塑上,即尊重学习者的主体地位,激发其内在的学习动力与创造力。

(2)高校继续教育对象的特殊性

地方高校继续教育以成人为主要教育对象,他们具有丰富的实践经验与独立学习的能力。因此,在教育过程中,我们应更加注重学习者的主动性、积极性与创造性,鼓励其通过自主学习活动实现学习目标,这种转变不仅符合高校继续教育对象的实际需求,而且是推动其从学历教育向职业教育、学习教育转型的必然要求。

3.微观视角:从"能学"向"乐学"的转变

在地方高校继续教育的转型过程中,还需关注学习者个体层面的转变,即从"能学"向"乐学"的转变,这一转变不仅体现了人们对学习者学习体验与学习情感的关注,而且体现了对学习者可持续发展能力的重视。

(1)学习者标准的提升与学习方式的多样性

地方高校继续教育对象具有先验性的特殊性,其学习是一种体验性学习。因此,在教育过程中,我们应更加注重学习者的学习体验与学习情感,努力实现从"能学"向"乐学"的转变,根据各高校继续教育学习方式的多样性与学术重点,为学习者提供丰富多样的学习资源与学习方式,以满足其个性化学习需求。

(2)学习者可持续发展能力的保障

从"能学"向"乐学"的转变不仅关乎学习者的学习体验与学习情感,而且关乎其可持续发展能力的保障。地方高校继续教育应着眼于学习者的长远发展,为其提供持续的学习支持与服务,包括职业规划、学习资源推荐、学习社区建设等。通过这些措施,地方高校继续教育能够为学习者构建一个全方位、多层次的学习生态系统,促进其终身学习与全面发展。

（二）制度转型的保障原则

地方高校继续教育在推进制度转型的过程中，需要深刻把握以下方面：

1.法制性根基

（1）受众的通用性与适用性

相较于传统教育系统以班级为单位、更具直观性的组织方式，地方高校继续教育在受众上展现出了更为广泛的通用性和适用性，它不再局限于特定的年龄层或社会阶层，而是面向所有渴望学习、追求进步的人。

（2）作用方式的间接性与规范性

法制性体现在教育秩序的调整和教育模式的优化上，地方高校继续教育制度通过制定和实施一系列教育相关法律、法规、政策，以间接调节的方式引导教育资源的合理配置和教学模式的创新，这些法律法规和政策不仅规范了教育行为，而且促进了教育质量的提升，为地方高校继续教育的发展提供了有力的制度保障。

2.实利性驱动

实利性是地方高校继续教育制度转型不可忽视的重要方面。任何一种教育制度的变革，其最终目的都是建立适应现代社会发展的现代教育制度。地方高校继续教育制度转型也不例外，它既是社会上某些阶层、社会群体和个人追求自身教育利益的理性过程，也是推动地方高校继续教育持续发展的重要动力。实利性驱动的分类及内容如表2-1所示。

表2-1 实利性驱动的分类及内容

分类	内容
个人利益与全面发展的追求	在地方高校继续教育体制转型过程中，个人利益不仅是地方高校继续教育的起源所在，而且是其持续发展的内在动力。地方高校继续教育应致力于满足个人多样化的学习需求，提供丰富多样的教育资源和学习路径，以促进个人在知识、技能、价值观等方面的全面发展

分类	内容
个人教育利益与公共教育利益的融合	地方高校继续教育制度的制定需要特别注重个人教育利益和公共教育利益的提升与融合,这意味着地方高校继续教育不仅要关注个人的学习成果和职业发展,而且要关注其对社会的贡献和影响,实现个人教育利益的最大化
终身教育与实质性作用的实现	终身教育理念是地方高校继续教育制度转型的重要指导思想,它强调个人在不同阶段都需要接受教育和培训以适应社会发展的需要。通过构建终身教育体系,地方高校继续教育可以确保个人在任何时候都能获得所需的教育资源和支持,从而实现个人教育利益的最大化,这也为公共教育的有效性提供了有力保障,使得地方高校继续教育体系能够发挥出其实质性的作用

3.权利性要素

(1)高校继续教育制度要具备权利性是市场经济的发展要求

市场经济的发展对地方高校继续教育制度的转型提出了新要求,其核心在于制度需具备鲜明的权益性。在市场经济框架下,继续教育成为资源优化配置的重要途径,它不仅能够促进教育资源的高效整合与共享,而且能依据市场经济的基本原则。随着市场经济的深化,社会各主体的权利边界日益清晰,权利行使更加透明、公开,且趋于平等。在此背景下,社会生活的构建基于平等与自由的原则,地方高校继续教育制度作为社会教育体系的一部分,亦须顺应这一趋势,内在地蕴含并确保各参与方的合法权益。

(2)地方高校继续教育制度转型的权益保障与实现

地方高校在推进继续教育制度转型的过程中,还需注重权益的保障与实现机制建设。一方面,我们需明确界定教育服务提供者、学习者及社会各相关方的权利与义务,构建公平、公正的教育环境;另一方面,通过完善法律法规、加强监管与评估,确保教育资源的合理分配与使用,防止教育资源的不当侵占或浪费。地方高校应积极探索多样化的教育模式与路径,以满足不同学习者的个性化需求,进一步提升继续教育的质量与效益,从而在市场经济的大潮中稳固其地位,促进地方高校继续教育事业的可持续发展。

(三)课程与教学转型的核心原则

在地方高校继续教育转型的征途中,课程与教学的转型扮演着核心角色,这一转型不仅关乎教育内容的更新与教学方法的革新,而且触及教育本质的深刻变革,旨在培养适应新时代需求的高素质人才。课程与教学转型的核心原则主要包括以下方面(图2-7)。

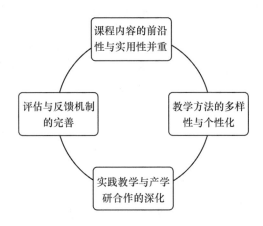

图2-7 课程与教学转型的核心原则

1.课程内容的前沿性与实用性并重

地方高校继续教育在课程内容的设计上,应紧跟时代步伐,注重前沿性与实用性的有机结合。一方面,我们要引入最新的科研成果与行业动态,确保学习者能够掌握最前沿的知识与技能;另一方面,我们也要注重课程内容的实用性,确保学习者能够将所学知识应用于实际工作中,解决实际问题,这种前沿性与实用性的并重,不仅提升了课程的吸引力与竞争力,而且增强了学习者的学习动力与就业竞争力。

2.教学方法的多样性与个性化

教学方法的转型是地方高校继续教育转型的重要组成部分。传统的教学方法往往注重知识的灌输与技能的训练,而忽视了学习者的主体地位与个性差异。因此,地方高校继续教育应积极探索多样化的教学方法,如案例教学、项目教学、翻转课堂等,以激发学习者的学习兴趣与创造力,还应注重个性化教学,根据学习者的学习风格、兴趣爱好与职业规划,为其提供量身定制的学习方案,以满足其个性化学习需求。

3.实践教学与产学研合作的深化

地方高校继续教育在转型过程中,应注重实践教学与产学研合作的深化。实践教学是提升学习者实践能力与创新能力的重要途径,地方高校应加强与行业企业的合作,共同开发实践教学项目,为学习者提供丰富的实践机会,还应深化产学研合作,推动科研成果的转化与应用,为地方经济社会发展贡献力量,这种实践教学与产学研合作的深化,不仅提升了地方高校继续教育的社会影响力与贡献度,而且促进了学习者综合素质的全面提升。

4.评估与反馈机制的完善

在地方高校继续教育转型的过程中,评估与反馈机制的完善是不可或缺的环节,通过建立科学的评估体系与反馈机制,可以及时了解学习者的学习情况与需求变化,为课程与教学的持续改进提供有力支撑,还可以对地方高校继续教育的整体效果进行客观评价,为其未来发展提供有益参考,这种评估与反馈机制的完善,不仅提升了地方高校继续教育的质量与效率,而且增强了其可持续发展的能力。

第四节 地方高校继续教育转型的路径探究

地方高校继续教育转型应关注教育模式的革新与适应社会发展需求的策略。通过整合优质教育资源,强化实践教学环节,以及构建灵活多样的学习平台,可推动地方高校继续教育向更加高效、实用的方向发展,提升其社会服务功能与教育质量。地方高校继续教育转型的路径主要包括以下方面(图2-8)。

一、变革:创新理念明定位,共筑转型发展新愿景

在教育转型的宏大图景中,地方高校继续教育领域的深刻变革尤为引人注目,其核心驱动力在于教育理念的革新与角色定位的精准把握。教育理念,作为教育实践的指南针与行动先导,不仅塑造了教育的本质特征,而且成为推

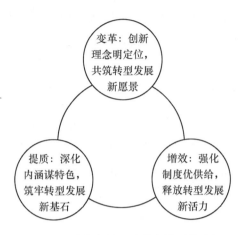

图2-8　地方高校继续教育转型的路径

动教育革新不可或缺的核心要素。地方高校要从理念层面入手,摒弃旧有束缚,重塑继续教育的角色定位,以期在转型之路上凝聚共识,形成合力。

（一）办学认知的革新:赋予继续教育应有地位

在办学认知层面,地方高校需重新审视继续教育的价值与地位。现代大学的多功能性日益凸显,继续教育作为其中不可或缺的一环,为社会培养了大量应用型人才,对经济社会发展产生了深远影响。然而,传统观念中,继续教育常被边缘化,被视为高等教育的"补充"。地方高校需打破这一偏见,推动办学认知的深刻变革,促进普通教育与继续教育之间的深度融合,共同构建开放包容的大教育生态。普通教育以其深厚的学科底蕴与系统的学制框架著称,而继续教育则凭借灵活的学制安排与强大的社会适应性展现出独特魅力。两者相互补充,共同推动地方高校全面履行其教育使命。

（二）办学规划的前瞻:引领继续教育战略发展

在办学规划层面,地方高校需具备前瞻性的战略眼光,将继续教育置于学校发展的重要位置。地方高校应成立专门的继续教育发展指导机构,对短期目标与长远规划进行精心布局,积极引导其在高校改革与发展中发挥更大作用。将继续教育纳入高校章程之中,从顶层设计上明确其办学理念与特殊使命,这不仅是对继续教育地位的肯定,而且是对其未来发展的有力保障。

二、增效:强化制度优供给,释放转型发展新活力

在教育体系广袤的发展蓝图中,地方高校持续进步与蓬勃发展的关键,在于构建一个稳固且充满活力的制度架构,这一观念在教育领域已达成广泛共识。制度,作为支撑高校运作的基石,不仅决定着教育活动的形态与演进轨迹,而且引领其向更高层次的质量发展阶段迈进。针对地方高校继续教育转型而言,制度建设犹如推动其稳步前行的核心驱动力。然而,面对快速变化的教育环境与转型挑战,地方高校继续教育在制度建设上的适应力与推动力仍需进一步强化。基于此背景,从增强制度供给与激活发展潜力视角出发,对政府管理协调机制及地方高校继续教育管理体系进行全面革新,成为激发其办学活力的核心策略。

(一)强化政府角色,完善统筹管理架构

在政府层面,需积极调整职能定位,深入贯彻"放管服"改革精神,承担起发展规划、资源配置、法制建设等多重职责,推动构建以地方高校为主体、多方参与的协同管理新模式,这要求政府从资源调配、财力支撑及法治保障几个维度综合施策。在资源调配方面,建立联动机制,促进教育资源的高效整合与共享,为转型铺设融合发展之路。在财力支撑方面,加大财政投入,创新成本分担机制,确保转型资金需求。在法治保障方面,加速继续教育法制化进程,完善法律法规体系,提供坚实的法律后盾。

(二)补齐制度短板,优化内部管理流程

地方高校继续教育内部管理机制优化,是提升转型效率与质量的关键,这要求地方高校在现有管理框架基础上,构建职责明确、流程高效、运行顺畅的制度体系。一方面,建立校级领导直管的继续教育领导机制,纳入学校人才培养战略规划,提升继续教育地位。通过全校性研讨会议,明确转型目标与路径,制订实施计划,消除政策障碍,营造宽松的政策环境与充足的资源支持。另一方面,优化组织架构,明确岗位职责,实现管理与办学职能分离,确立继续

教育学院为统一办学与管理实体,负责核心事务管理,规避多元主体办学风险。同时,制定和完善继续教育管理规章制度,规范办学行为,确保活动有序开展。

三、提质:深化内涵谋特色,筑牢转型发展新基石

在地方高校继续教育的宏大图景中,"提质"已成为洞察其发展内涵与深化策略的核心视角。与外延式发展的路径不同,内涵式发展策略更加注重挖掘内部潜力,追求质量、结构与效益的和谐统一,为高等教育的长远发展注入新的活力。对于地方高校继续教育而言,步入内涵式发展的快车道,不仅是教育质量全面提升的必然要求,更是展现独特办学风貌的关键所在。在这一背景下,地方高校继续教育需重新审视与构建与其特质相契合的质量规范体系。这要求教育者在实践中不断探索,将多元评价主体纳入考量,形成一套既符合继续教育特点,又能激发自我反思与自律精神的质量文化。通过这一系列的变革,地方高校继续教育将能够更有效地应对与普通高等教育同质化的问题,特别是针对成人教育对象特殊性的忽视。为破解这一困境,地方高校继续教育需紧密围绕成人学习者的特性,制定更具针对性的教育策略。在培养目标上,需实现从学历导向向能力为核心的深刻转型,从学科逻辑向职业需求逻辑的迁移,重视提升学生的岗位胜任力、创新能力及生活幸福感。在培养模式上,则需聚焦于知识的更新与技能水平的精进,积极探索校企合作的双轨制教育模式。通过专业共建、定制化培养及企业入驻校园等策略,地方高校继续教育将能够更好地将人才培养与社会需求紧密对接,实现教育成果的有效转化。

第五节 "互联网+"时代的地方高校继续教育转型

地方高校继续教育是继续教育的主要渠道,转型发展以适应经济社会宏观环境变化是它在新时代面临的新挑战,新时代地方高校继续教育的特征主要体现在发展目标多元化、培养格局多维发展和社会服务形势日趋丰富等方面。"互联网+"时代的地方高校继续教育转型主要包括以下方面:

一、深刻把握继续教育的战略地位与价值

在构建学习型社会的宏伟蓝图中，地方高校继续教育占据着举足轻重的地位，其发展历程植根于深厚的历史土壤，并伴随着时代的发展而不断演进。地方高校在推进继续教育转型的过程中，不能割裂与过往经验的联系，而应在此基础上进行创新，以确保其生命力与活力。在新时代背景下，地方高校应深刻认识到继续教育对于推动社会主义经济社会发展、提升国民素质的关键作用，这要求地方高校在继续教育的改革中，既要遵循市场导向，又要坚守社会责任。在"互联网+"的浪潮下，地方高校继续教育更应紧跟时代步伐，充分利用互联网技术的优势，推动继续教育的转型升级。通过构建线上与线下相结合的教育平台，打破地域限制，拓宽教育资源，继续教育更加便捷、高效，更好地服务于社会成员的学习需求。

二、强化继续教育的社会服务功能与社会价值

在"互联网+"兴起的背景下，地方高校继续教育可借助互联网技术，构建一体化的教育服务体系，实现学校教育与社会教育的深度融合。通过搭建在线学习平台，提供丰富多样的教育资源，满足社会成员多样化的学习需求。地方高校应充分发挥自身在师资、学科、科研等方面的优势，结合互联网技术的特点，创新继续教育的教学模式与管理方式，提升教育质量与社会效益。在体现社会价值的同时，地方高校继续教育还需密切关注市场需求与社会需求的变化，运用互联网思维，创新管理模式与培养方式，为社会培养更多符合时代需求的高素质人才。例如，校企合作、产学研结合等方式，将理论知识与实践技能相结合，培养具有创新精神和实践能力的人才。

三、推动继续教育管理模式与教学模式的创新

在"互联网+"的浪潮下，地方高校继续教育领域正面临着管理模式与教学模式的双重革新需求。为了应对技能型讲师资源匮乏的问题，地方高校应积极引入一线行业企业的专业管理与技能人才，将其纳入教学队伍，以此构建多元化、优势互补的教育队伍，这一变革不仅体现在教师队伍的扩充上，而且

深入继续教育的管理层面。要想适应"互联网+"时代,地方高校需探索创新性的管理模式。具体而言,可通过搭建线上教学平台与线下实践基地的联动机制,实现教育资源的优化配置与高效共享,这种线上线下相结合的方式,既能够突破传统教育模式的时空限制,又能充分利用互联网技术的便捷性,为学习者提供更加灵活多样的学习路径。

总而言之,"互联网+"背景下地方高校继续教育的转型是一个系统工程,需要地方高校从多个方面入手,深刻把握继续教育的战略地位与价值、强化社会服务功能与社会价值、推动管理模式与教学模式的创新以及拓展社会资源丰富办学形式等措施的实施,地方高校继续教育将在新时代背景下焕发更加蓬勃的生机与活力。

第三章　地方高校继续教育人才培养探究

随着社会的快速发展和知识的不断更新,继续教育已成为提升个人素质、适应职业变化的重要途径。地方高校作为继续教育的重要阵地,肩负着培养社会主义合格建设者和接班人的重要使命任务,坚持立德树人是其根本任务,其人才培养模式的创新显得尤为重要。本章聚焦地方高校继续教育人才培养,内容包括继续教育人才培养的"学分银行"机制、产教融合背景下继续教育人才培养模式、乡村振兴战略下继续教育人才培养模式。

第一节　继续教育人才培养的"学分银行"机制

一、现代继续教育与"学分银行"机制

(一)现代继续教育

现代继续教育主要涵盖远程教育、社区教育两种,不同形式的继续教育能够满足不同社会个体的实际需求,因为教育和社区群众需求紧密联系,令更多社区居民都逐渐参与社区教育活动,并且令继续教育普及得到更好的发展,积极促成学习型社区建设,并且成为打造学习型社会主要载体之一。

(二)"学分银行"机制

"学分银行"一般是指立足于终身教育以及终身学习基础之上、对学习者通过不同教育形式获取的学习成果予以学分认定,并进行累积和适当转换的机构。本质上而言,"学分银行"可以理解成一种对银行机构进行模拟或者是借鉴部分功能的教育机构,这种管理形式能够令学生打破原有的学习时间、学

习空间的限制,将自己的学习成果存储起来,且从不同途径获得的成果也能够转化成"通用货币"存储起来,它是一种以学习者为中心,通过学分认定以及累积的过程实现学习成果管理以及信息服务的体系。

1."学分银行"机制的功能

实现学分的累积以及转换。学习者可以将自己从不同时间和不同渠道获取的学分累积在"学分银行"中,就像将存款存到银行账户中一样;学分转换则是参考固定的规则,例如汇率、转换机制等,将学分转换成另一个领域的学分,积累到符合标准的程度之后,获取证书,并且通过转换的形式,不断更新资质以及证书,实现自我的提升。

学习成果的可靠认证。我国的继续教育领域有较多不同的发展类型,也没有完全统一的标准,因此,在不同机构获取的学分一般也会有不同的含金量,因此需要国家相关部门出面,出台统一课程标准以及适当的学分标准,这就是认证成果的过程。

终身档案的管理。在终身学习档案中明确记录了学习者个人信息、学习经历以及学习成果,在"学分银行"机制下,终身学习档案可以激发学习者的学习动力,甚至可以促成跨国、跨地区、跨机构等多样性渠道的知识、技能获取,加强学习者在市场竞争当中的核心竞争力,令其更加适应就业。就社会层面而言,全面且精准的教育信息和数据,也能够帮助学习型社会的全面建设和有效发展。

2."学分银行"机制的必要性

"学分银行"机制是国家继续教育发展战略中的重要组成部分,承载着推动教育现代化和构建终身学习体系的历史使命。从人力资源强国的战略高度出发,"学分银行"作为一种促进人才流动、实现教育资源优化配置的有效手段,对于增强国家竞争力、提升国民就业能力具有重要意义。国际经验表明,该机制能够有效促进人才国际流动,加速知识共享,拓宽继续教育领域,进而推动社会经济的可持续发展,成为国际教育改革的一个热点方向。

"学分银行"机制在满足学习者多元化、个性化学习需求方面展现出独特优势。我国继续教育长期以学历补充教育为主,传统办学模式和组织形式在一定程度上限制了学习的灵活性和个性化发展。尽管信息技术的发展,特别是远程教育的兴起,为学习者提供了更多选择,但传统学历教育的主导地位仍难以撼动,个性化学习路径相对缺乏。"学分银行"通过其"以人为本"的设计理念,为学习者提供了更加灵活、个性化的学习路径选择,不仅促进了学习成果的积累和转换,还激发了学习者的学习动力和创造力,为终身学习和个人全面发展奠定了坚实基础。

"学分银行"机制对于推动终身教育体系的构建具有深远影响,终身教育作为对传统教育观念的超越,强调学习过程的连续性和学习成果的认证与转换,而"学分银行"正是这一理念的具体实践。在全球范围内,随着知识经济时代的到来,终身学习已成为社会发展的必然趋势,我国亦积极响应,致力于构建全民学习、终身学习的学习型社会。通过建立"学分银行",可以搭建一个公平、开放的学习平台,实现不同类型教育机构之间的学分互认与转换,打破教育体系的壁垒,促进普通教育与职业教育、学历教育与非学历教育、正规教育与非正规教育之间的有机衔接,形成灵活开放的教育网络。这不仅极大地丰富了教育资源的供给,提高了教育资源的利用效率,还为满足社会成员多样化的学习需求提供了可能,有效推动了终身教育体系的构建,是我国教育现代化进程中的一项重大举措。

3."学分银行"机制的理论基础

"学分银行"机制的理论基础深植于机制设计理论之中,机制设计理论隶属于制度经济学的范畴,其构建基础融合了博弈论与社会选择论的精髓,可视为这两大理论交叉融合的产物。机制设计理论的核心渊源,在很大程度上源自经营与商业实践的深厚土壤。在信息不对称的普遍情境下,为确保委托人与代理人之间能够建立起高度的信任关系,并保障机制运行的顺畅无阻,企业通常会精心构筑一套独立而完善的机制体系。这一机制旨在充分激发个体的积极性与创造力,同时促进政府及社会组织目标的最优化实现。概而言之,一个高效的机制设计理论,其核心要义在于针对市场失灵的现实困境,巧妙地设计出一套兼具诱导与激励功能的机制框架。该框架能够有效化解个人或经济单位间的利益冲突,促进各方利益的协调一致,从而实现资源的高效配置与社会的和谐进步。

（1）机制设计理论的主要内容

机制设计理论强调对称信息的重要性。在经济学语境下，"信息"这一概念被赋予了广泛的含义，它指代与事物相关联的各种知识或数据，既包括公共信息，也涵盖私人信息。信息的传递效率与准确性，直接关乎机制运行的成本高低。在信息纷繁复杂、传递成本日益攀升的社会现实中，如何有效管理和利用信息，成为机制设计过程中必须面对和解决的核心问题。机制设计的终极追求，便是在确保信息充分且准确的前提下，以最小的信息量（或最低的信息成本）达成既定的社会目标，从而实现资源的高效配置。

机制设计理论认为，与对称信息相辅相成的是激励相容原则。机制设计的初衷，在于确保每个参与者都能在追求个人利益的同时，促进社会整体目标的实现。然而，在现实社会中，不同群体往往有着截然不同的利益诉求，且信息不对称现象普遍存在。机制设计理论正是在这一背景下应运而生，它假设制度规划者需在信息不完全的条件下，寻找一个微妙的平衡点，使得机制既能对参与者产生有效的激励，又能在不了解所有利益相关者具体信息的情况下，兼顾各方利益，实现设计者的既定目标。激励相容原则的应用，旨在解决两大核心问题：一是构建最优机制，使个人的预期收益达到最大化；二是建立效率机制，确保社会整体福利得到最优化提升。

机制设计理论的最终目标是建立在对称信息与激励相容两大基石之上的，其核心旨趣在于实现资源的最优配置。信息对称、激励相容以及资源配置效率，不仅构成了机制设计的基本原则，也成为评价机制优劣的具体标准。机制设计理论的独特之处在于，它不仅适用于私人产品与私人资源的有效配置，同样在公共产品与公共资源的配置中发挥着积极作用。通过精巧的机制设计，可以显著降低信息传递的成本，促进社会目标的最大化实现。这一理论框架的提出与应用，无疑为经济学领域中的制度设计与政策制定提供了强有力的理论支撑与实践指导，有助于推动社会资源的高效利用与社会福祉的持续提升。

（2）机制设计理论与"学分银行"的关系

机制设计理论作为经济学领域的重要分支，其核心在于通过精巧的制度设计，实现个体利益与社会利益的和谐统一，而"学分银行"作为教育领域的一种创新机制,其本质属性、实践探索与机制设计理论之间存在着紧密的联系。

从理论本质和产品属性的角度来看,"学分银行"作为一种教育服务机制,其属性界定对于理解其在教育经济学中的地位至关重要。教育产品,作为满足人们学习需求的一种特殊商品,既包含有形的教学设施、教材等,也涵盖无形的教育服务。而"学分银行"机制,作为一种提供学分认定、转换和累积服务的平台,无疑属于教育服务中的"准公共产品"。它旨在为终身教育体系服务,促进国家公民素养的全面提升,这与机制设计理论追求社会整体福祉最大化的目标不谋而合。机制设计理论本质上是一种协调个体利益与社会利益的工具,其最终目的是促进人才的全面发展。因此,将机制设计理论应用于"学分银行"机制的构建,不仅能够为"学分银行"的管理提供理论支撑,还能够实现有效的激励相容,确保教育资源的最优配置,为不同教育形式之间的学分转换提供科学依据,为"学分银行"机制的建设奠定坚实基础。

从理论基础和实践探索的关系来看,机制设计理论为"学分银行"的实践提供了重要的指导思路。一方面,机制设计理论强调在机制设计中要充分考虑参与者的积极性和利益,实现信息对称。这要求"学分银行"机制在设计和实施过程中,必须关注参与者的需求,调动其积极性,维护其利益,确保机制的民主性和公平性。通过构建真实的沟通渠道,设计者能够获取全面且准确的信息,从而在满足学习者需求的基础上,维护好不同利益集团的合法权益,实现个体目标与总体目标的一致性。另一方面,机制设计理论为"学分银行"机制解决激励不相容问题提供了方法论上的支持。"学分银行"机制的建设核心在于保证激励相容,即确保不同教育形式之间的利益和资源能够得到合理协调,实现服务性目标。然而,在实际操作中,由于教育形式之间的利益和资源矛盾,往往导致激励不相容问题的出现。机制设计理论通过规则和制度的设计,能够在信息有效利用和资源优化配置的基础上,实现既定目标。这对于"学分银行"机制而言,意味着需要通过精巧的制度设计,如学分认定标准、转换规则等,来协调不同教育形式之间的利益冲突,确保机制的顺畅运行和服务性目标的实现。

二、继续教育人才培养的"学分银行"机制设计

继续教育人才培养的"学分银行"机制设计包括以下方面(图3-1):

图 3-1　继续教育人才培养的"学分银行"机制设计

（一）"学分银行"的内部运转机制设计

1.构建"学分银行"学习成果大框架

"学分银行"学习成果大框架的核心功能在于,首先,依据学习者的学习成果进行细致的等级划分,确保不同学习阶段和层次的学习成果能够有序衔接,形成连贯的学习路径;其次,通过明确学习成果等级描述的进阶过程,促进不同学习者之间的有效沟通,增强学习成果的透明度和可比性。此外,框架还根据学习成果的具体类别及实际应用领域进行科学划分,为学习成果的认证、累积与转换工作提供坚实的基础和依据。同时,框架的设计融入了适当的规范和标准,确保成果认证、累积与转换过程的规范性和公正性。这一学习成果大框架不仅涵盖了正式的教育成果,如学历教育和职业教育的成果,还纳入了非正式的教育成果,包括非学历教育及培训结果,实现了各类学习成果的全面整合。更重要的是,它促进了不同学习成果之间的有效衔接,使得学习成果的累积与转换流程更加顺畅。总体而言,学习成果大框架为学习者和培训者(培训机构)提供了清晰的学习成果和教学成果认知框架,推动了学分的累积与转换,促进了学习者的横向流动,提升了继续教育和终身学习的水平,进而增强了公众的就业能力和职业竞争力。

2.构建"学分银行"诚信机制

"学分银行"诚信机制不仅关乎学习者的学习情况、考试成绩及规章制度遵守情况,还涵盖了学习者的思想品德记录,这些构成了诚信系统的基础性内容。对于教育培训机构而言,其诚信则体现在教育资质、办学标准及教学绩效等多个方面;而认定机构的诚信则主要涉及认定资质和认定标准等。诚信系统的核心目的在于确保个人申请、教学机构的办学过程以及认定机构的认定流程均能保持客观真实,有效防止虚假信息的出现,从而维护"学分银行"机制的社会公信力。随着国家诚信体系的不断建立和完善,公民的诚信数据信息库将逐步建立并迅速普及和完善,并和征信系统相互联合,实现每个学习者的个人诚信、培训机构的经营诚信、认证机构的认证诚信都能够在较大程度上得到有效的监管,保证"学分银行"的诚信系统能够科学运转。所以,我们需要尽快从制度建设以及监管等方面的工作入手予以全面强化,参考审查程序以及行政处罚规则等展开专门性的监管约束制度,加大失信行为惩罚力度。除了发挥参与机构自律作用之外,我们还需要配合监管,实现个人和机构之间的积极监督,满足整体诚信目标。

3.构建"存—贷—换"学分联动模式

"存—贷—换"联动模式是"学分银行"运行机制的基础性框架,也是确保其高效运转的重要环节之一。该模式的顺利实施,需以前期完善的保障机制和标准机制为基石,在此基础上进行精心设计与周密部署,以保障"学分银行"系统的稳定运行与持续发展。

对于"学分银行"而言,其主要的功能就是对学分进行存储以及累积,将学习者从不同形式中获取的成果进行适当的认证和转化,并获取有效学分在"学分银行"中予以保存,接近银行对钱款提供的"零存整取"服务。具体而言,学习者在"学分银行"中拥有的账户,存储的是其学习信息以及学分情况。存分机制能够令学习者不会受到空间和时间的限制,拓宽院校招生渠道,同时也有效拓宽就业空间。

贷分制度要建立于存分制度之上,它也是构建信用制度的一个关键性环节。类似银行贷款服务,学分"贷款"也需要依照审查、担保、下发、归还的流程,这也是"学分银行"制度逐渐趋向于成熟发展的重要体现。整体而言,贷分机制根本上是一种模拟银行借贷过程的机制,必须要有学习者个人信用予以担保。一般而言,贷分会应用在学习者某一次考试不佳等意外情况中,可以通过贷分的形式,在下一次考试中予以偿还,这种模式可以解决因某一门课程考核"几分之差"导致不能满足考核标准的问题,在较大程度上予以分数均衡,避免学分影响就业、来年重修带来的不必要的麻烦,给学习者的就业提供保障。这一制度的优势是能够激发学生的学习动力,不过,该制度必须要配备完善的信誉规定以及对应的惩罚规定。

学分的转换指的是学习者获取有效学分满足一定的考核标准之后,可以将其兑换成对应的学历资质或者是职业资格证明。"学分银行"为学习者提供学分认证以及累积服务,但是并不具备发证权力。转换机制立足于其认定、折算以及补偿三个环节基础之上进行,学习者可以借助转换机制不断地更新自己的资质证书。

(二)"学分银行"的外部运转机制设计

1.建立并完善政策法律体系及相关制度

地区的政治环境以及经济发展情况在一定程度上都或多或少制约着教育的自身性质、教育内容、组织机制等。"学分银行"这一制度就是从终身教育中衍生而来的,能够基本满足社会成员在终身学习中的需求,也是社会经济发展到一定阶段后,国家将个体发展和社会发展相互协调的重要举措,必须要取得国家以及行政单位、教育主管部门的支持。我们分析"学分银行"的国际经验可以发现,其运转必须要配备对应的法律法规以及保障措施。如今我国的法治建设愈发完善,教育法规建设也越来越完善,终身教育法相关法律体系已经开始结合实际情况在部分地区予以应用,地方性法规也不断出台并逐步完善,为国家全面实行"学分银行"制度打下了坚实的理论基础。

我国主要通过三个环节来实行"学分银行"制度,逐渐建立起符合我国国情的、可行的学习成果认证以及转换、存储的法律体系,以此来保障"学分银行"的健康发展:①在初期环节,依照国家教育部门提出的《中华人民共和国教育法》以及《中华人民共和国高等教育法》等,出台并完善关于"学分银行"的政策指导建议,由中华人民共和国教育部进行牵头,联合相关部门等拟定并发布"学分银行"决策机制以及相关意见,指导其尽快落实和全面建设。②在中期环节,配套制定涵盖学习成果认证、存储与转换等相关内容的法律条款,以确保"学分银行"机制下管理部门的职责明确、学习者的成果得到公正认证,以及资金经费的投入得到有效落实。条款需具备创新性,以适应"学分银行"建设的实际需求。另外,我们还需要尽快启动并完善终身学习法律条文的相关内容,它在教学中是终身学习和终身教育的基本法,也是继续教育法律法规的重要参考依据。③在最后环节,制定并完善学习成果的积累和认证规则,配合转换法律,依托终身学习法律体系作为保障。因此,我们需要专门在终身学习法律体系中设置一个章节,明确规定基本机制,例如,架构、资格框架、管理体制、职能范围等;参考终身学习法以及相关法律体系的内容,拟定关于学习成果认证的立法内容,明确学习者的成果认证、转换、存储,进一步完善和保障学习成果的认证和积累进程。

2.构建并完善自上而下的组织管理机构

(1)设置统一且权威的决策管理机构

参考国际先进经验并结合我国基本国情,构建并完善一套自上而下的组织管理机构体系,以承担起"学分银行"机制运转的相应责任。首先,我们应设置统一且权威的决策管理机构。这一机构需层次分明、结构合理、职责清晰,主要负责组织、管理、研发、认证国家(或行业)的教育质量标准和运转规则。在我国现有的"中央集权+地方分权"教育管理体制下,"学分银行"作为学分和教学的管理机制,应自上而下地安排国家工作管理委员会以及地方教育委员会统筹决策其对应的继续教育管理工作。具体而言,我们可设立国家终身教育管理委员会,其行政机构设置于教育部,主要负责制定继续教育"学分银行"的相关政策、制度、法律法规。各级地方终身教育管理委员会的建制与国家基本一致,执行单位为各级地方教育厅和教委,主要负责具体实施继续教育各项方案,并监督、协调其执行情况。

(2)设置认证执行机构

认证执行机构作为决策管理机构的下属机构,承担着继续教育学习成果认证和培训机构认证管理的双重责任。其中,学习成果认证涵盖"学分银行"机制内的各种标准评估和管理、鉴定认证以及数据管理等服务平台的运转工作,主要对直接从"学分银行"选取课程学习的学生成绩进行认定。其下设的分支机构则负责执行标准、档案构建、组织认证和拓展服务等方面的具体工作。而培训机构认证管理则主要依照管理制度和规范,对培训机构及其学习服务平台进行管理、评估和监督。其分支机构不仅为培训提供良好条件和服务,还负责执行"学分银行"标准。

(3)设置"学分银行"实施机构

"学分银行"实施机构在决策管理机构和认证执行机构的指导和管理下开展业务,主要职责包括制定"学分银行"的课程标准、教学管理规范、学分标准等,明确等级基准、基本规范以及培养目标等内容;确定办学机构的课程设置需满足的最低目标及考核需求;规定每门课程的学分;制定学分转换标准,确定不同标准间的学分转化制度;为学习者提供获取学分、证书的基本条件等。为确保"学分银行"制度能够全面实施,学校需设置专门的管理机构,制定不同学校间的学分转换规则,为学习者提供学分累积、转换、互认的具体服务,并与其他学校保持沟通和交流,为学习者提供与学分相关的咨询服务及政策解读。

3.构建并完善功能丰富的线上管理平台

如今各种计算机信息化技术以及网络技术均得到广泛普及和发展,网络通信也为人们提供了更多获取信息、交换知识的途径。"学分银行"教学管理和传统模式下的学校管理比起来会更复杂,借助网络平台的强大管理功能,令学习者可以简便地实现跨校择课、学分转换等。

(1)构建并完善信息管理系统

"学分银行"信息管理系统是学习者了解学分的渠道和窗口,其功能涵盖五个方面:终身教育注册(针对特定区域范围内社会成员终身教育需求以及实际情况予以注册和登记,在注册登记完毕之后建立账户或者提供证明卡,终身跟随)、学习成果认证(针对已经注册并记录的学习者之前的学习成果予以合理认证,并结合实际情况折算和转换成标准学分)、储存积累学分(把学习者已经获得并转换完毕的标准学分存储到账户中,新增加的学分予以累积和保存)、学分折旧兑换(在学习者的存储学分满足一定标准之后,可以依照标准兑换成证书或者是证明,如果学习者有需要也可以兑换成学习补贴,超过期限没兑换的学分可以依照对应标准进行折旧)、查询学习档案(在"学分银行"中,所有的社会个体的学习档案都会有记录,给学习者自己和单位组织等提供随时查询服务,学习者一般可以借助网络或者电话的方式来查询学分情况,必要情况下也可以在线下网点进行查询,另外,经过特定授权的组织,也可以提供查询学分的服务)。

(2)构建并完善信息共享平台

成立共享性的远程教育联盟,可以促使各院校在充分发挥自身资源优势的基础上,共同组建网络资源委员会。网络资源委员会需与联盟成员单位协商制定统一标准,并签署合作管理协议,以此为基础打造公共服务平台。网络资源委员会应承担起对成员单位教育资源进行审核、评估及定级的重要职责,将各成员单位的优质资源按照类型、层次等维度进行整合,纳入资源索引中心,以便学习者能够便捷地搜索到所需资源,进而促进资源的互认与互选。在此基础上,我们还需依据相关评估标准,建立资源的后续评估与动态反馈机制,确保资源质量持续提升。同时,我们应构建针对教学管理人员的技能培训体系,加强其计算机基础理论与操作技能的培训,全面提升工作效率,以应对日益复杂的工作挑战。

(3)构建学生档案的线上管理系统

在"学分银行"中,档案系统是非常重要的支撑以及导航,学习者先提交申请,并依据既定流程完成登记注册、课程选择、测试考核等环节。随后系统根据学习者的具体情况发出指令,进行相应处理,并及时将处理结果反馈给每位学习者。在学分互认体系中,档案系统更是发挥着控制中枢的作用,协调并指挥着其他系统的运转。另外,"学分银行"中档案系统也具有一定的导航服务功能,和学生之间的关系非常密切,且能够为学生提供较为重要的服务平台。学习者可以借助查询中心了解学习信息以及相关的规范。档案系统是否过关,也是对学校办学能力进行衡量的重要标准。

（三）"学分银行"的运转保障机制设计

1.构建质量运行保障机制

(1)构建标准质量的保障机制

在"学分银行"中,"学分认证"作为核心环节,其质量保障至关重要。因此,加强对教育机构的监督和评估工作显得尤为重要。一方面,教育机构应建立规范的准入制度,无论是高校还是其下设的教育部门或培训机构,若欲获得认证学分的资格,均需经过"学分银行"管理机构及具备相应资质的机构的认证。这一制度的确立,有助于确保教育机构的教学质量和学分认证的权威性。另一方面,教育机构在实施"学分银行"制度时,其教学和管理工作必将发生显著变化,如教学计划的灵活性、课程内容的多样性等。相较于传统学年制,课程开设过程需随时接受职能管理单位的评估与监控。在此过程中,可借鉴自学考试的证书申请制度,融合标准的论文答辩及考试制度,作为毕业证书授权的要求,从而强化"学分银行"资格证书,特别是毕业证书在社会范围内的认可度和公信度。

(2)构建认证保障的相关机制

结合实际情况,制定满足认证需求的法规文件,确保认证的基本原则、操守及制度等能够正常运转。认证保障是"学分银行"公平性的根本保障,也是提升其公信力的重要策略。构建"学分银行"的初衷在于满足学习者的学习需求,并通过公平公正的成果认证,社会能够客观认可其知识能力,防止学历歧视现象的出现。此外,只有通过公平认证,才能实现"学分银行"中不同类型学分的转换和互认,促进教育资源的共享和优化配置。

(3)构建监督保障的相关机制

管理机构应对认证和证书颁发过程进行严格监督,参考专家论证和建议,明确政策或相应制度规范。为此,我们可建立独立的监督委员会和学分审查委员会等机构,负责教育机构的审查工作。针对学生的注册过程、学分互认过程、授予学位过程等关键环节,进行有效管理和审查监督。待审查确认合格后,由发证单位认证并授予学历和学位证明资格。鉴于"学分银行"在社会范围内的特殊性,为确保获取学分的途径公正有效、防止虚假问题发生,学分审查委员会应全面加强教育质量的监管工作。同时,高校及教育机构之间也应加强相互监督,确保信息公开透明,共同维护认证质量的高标准。

2.构建资金运行保障机制

"学分银行"作为一项公共服务机构,其机制建设应由国家级政府部门主导并提供资金支持,且需保持非营利性经营原则。这一定位不仅体现了"学分银行"的社会性和公益性,也对其管理和运转工作提出了更高要求。为了确保"学分银行"制度的有效运转,经费保障是重要环节。在"学分银行"的运营过程中,经费成本主要用于支持机构开展成果认证、积累存储学分、转换学分等基础性工作。这些经费的使用,实质上是一种"投资",它投资于知识的传递、技术的推广,促进个体素质和能力的提升,进而推动科技、经济等领域的全面发展。

(1)建设投入机制

科学合理的建设投入机制需要制定明确的投入标准,应涵盖前期建设、中期运营以及长期运转的各个阶段,形成详细的预算方案。根据预算方案,相关部门可以向财政部门申请经费支付,确保"学分银行"的各项工作得以顺利进行。从经费的使用途径来看,"学分银行"的经费用途可以划分为三个主要方面:一是基本建设成本经费,这主要包括"学分银行"的各项基础设施建设,如成果框架的构建、课程标准的制定、专家费用的支付、办公地点的租赁或购置等;二是运行经费,这主要用于支持线上平台的建设、认证标准的制定和实施等日常运营工作;三是事业间接经费,这主要包括理论研究、经验交流等活动的支出。由于"学分银行"需要不断积累经验、加强交流和提升,同时对其运转理论进行持续的研究和完善,因此,事业间接经费的投入也是必不可少的。

(2)构建筹措机制

由于"学分银行"自身的特征,其经费投入相对单薄,因此需要融入多元化筹集的形式:强化政府部门的基本职能,调动政府拨款的主要作用;构建多方融资制度,除了国家部门之外,各级高校,甚至学习者自己都可以参与到融资中。在有条件的情况下,需要适当融入市场机制,实现多渠道经费筹措,探索各种合作机制,参照学习成果对收费标准进行认证,从中适当获取一些服务费用,确保成果认证能够顺利进行。除此之外,还需要吸引更多的社会组织以及企业、个人参与捐助,促成"学分银行"持续性发展。

(3)制定经费应用原则

首先,必须要保证经费的合理应用,严格防止浪费现象的出现。从管理者角度来看,需要结合"学分银行"实际需求以及目前已有财力进行规模计划,除了要防止盲目追求规模导致的浪费,还需要防止过低投资导致效益受限的问题,需要保证经费"专款专用"。其次,还需要针对资金予以最优分配,提升其使用效率。构建层次和布局都比较合理的组织系统,帮助各项资源得以有效利用。就目前的情况来看,"学分银行"组织系统未形成成熟网络,信息沟通以及功能协调都相对薄弱,应该继续规划布局,妥善处理资金分散以及效益偏低等问题。最后,有条件的情况下,"学分银行"可以使用厂校合作模式或者利用行业协会提升经费使用效率。

第二节　产教融合背景下继续教育人才培养模式

一、产教融合背景下继续教育人才培养的意义

(一)促进各类教育资源的整合利用

继续教育让那些已经走出校园但是仍然有学习需求的社会人士重新获得了接受教育的机会,客观上促进了教育资源的深度开发和高效利用。产教融合[①]背景下的继续教育人才培养,除了利用学校内部的实训基地外,还会借助校企合作平台将企业的岗位也转化成实训场地。参加继续教育的学习者进入相应的岗位上,一边参加生产一边学习技能,真正实现了"做中学"。除了整合硬件资源外,继续教育人才培养模式下对于各类学习资源也能做到共享共用,让每一名学习者都能获取自己需要的知识,凸显继续教育的实用价值。

(二)实现人才的自我提升与全面发展

传统校园教育往往侧重于学生在校期间的知识掌握与技能培养,而对于学生毕业后的职业生涯规划及长远发展则关注不足,这在一定程度上导致了教育的功利化。产教融合背景下的继续教育打破了这一局限,它将教育的视野拓展至学生的整个职业生涯,乃至其个人的全面发展。继续教育的教学内

---

① 产教融合是指职业学校根据所设专业积极开办专业产业,把产业与教学密切结合,相互支持,相互促进,把学校办成集人才培养、科学研究、科技服务为一体的产业性经营实体,形成学校与企业浑然一体的办学模式。

容不再局限于理论知识的传授和实训技能的指导,而是更加注重根据学习者的个体差异,如年龄、学历、专业背景等,量身定制职业规划教育。同时,职业素养的培养也被纳入继续教育的课程体系之中,成为不可或缺的一部分。这种全方位、多层次的教育方式,不仅有助于提升学习者的专业技能水平,更能够促进其综合素质的全面提升,为其未来的职业生涯奠定坚实的基础。因此,产教融合背景下的继续教育人才培养模式,对于实现人才的自我提升与全面发展具有深远的意义。

(三)向社会输送高质量的实用型人才

在产业升级的大背景下,各行各业对高素质人才的需求量呈现出增加趋势。传统教育模式下侧重于理论教学而忽视实践训练,培养出来的人才不符合社会需求,从而引发就业难题。基于产教融合的继续教育人才培养,更加重视实用知识和实用技能的教学,强调教学内容服务于生产实践。这样既满足了个人的学习诉求,同时又能迎合岗位需要,提升了人才培养质量。另外,继续教育强调实用性,让学习者能够更加直观地认识到继续教育对自我提升和职业发展产生的积极影响,帮助他们养成了终身教育的习惯,更好地满足了社会对高素质人才的需求。

二、产教融合背景下继续教育人才培养的原则

产教融合背景下继续教育人才培养的原则如下(图3-2):

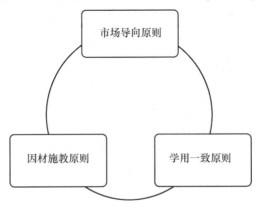

图3-2 产教融合背景下继续教育人才培养的原则

（一）继续教育人才培养的市场导向原则

产教融合背景下的继续教育人才培养，其核心在于"教学"与"生产"的紧密结合。教学作为手段，旨在传授知识和技能；而生产作为目的，则要求培养出来的人才能够直接服务于产业，满足企业的实际需求。这一特点决定了在编研校本教材、确定教学内容时，必须紧密关注市场的用人需求，确保继续教育所培养的人才能够与企业需求无缝对接，帮助学习者解决就业问题，或者在职业生涯中实现进一步的发展。

市场导向原则要求教育机构具备敏锐的市场洞察力。教育机构需要定期开展市场调研，深入了解各行业、各领域的人才需求变化，摸清市场形势。通过调研，教育机构可以掌握哪些岗位需求旺盛，哪些技能备受企业青睐，从而为继续教育的人才培养提供有力的数据支持。在掌握市场需求的基础上，教育机构应及时调整继续教育的人才培养思路。传统的继续教育往往偏重理论知识的传授，而在产教融合的背景下，实践教学的重要性日益凸显。教育机构应将更多的时间和资源投入实践教学中，通过模拟真实的工作环境，学习者在实践中掌握技能，提升实操能力。

市场导向原则要求教育机构积极与企业建立合作关系，共同搭建校企合作平台。教育机构可以为企业量身定制培训课程，培养符合企业需求的人才；而企业则可以为学习者提供与学习内容相关的岗位，让学习者在顶岗实习中将理论与实操融为一体。这种深度的校企合作不仅增强了学习者的复合能力，还提高了他们的就业竞争力。当学习者完成继续教育进入人才市场后，他们凭借扎实的理论功底和较强的实操能力，将会受到用人单位的青睐。这种复合型人才在市场上供不应求，他们的出现不仅缓解了企业的用人压力，还推动了产业的升级和发展。

市场导向原则要求教育机构具备前瞻性和创新性，随着科技的飞速发展和产业的不断升级，市场对人才的需求也在不断变化。教育机构应紧跟时代步伐，不断更新教学内容和教学方法，确保继续教育人才培养的与时俱进。同时，教育机构还应鼓励学习者具备创新思维和创业精神，培养他们的自主学习能力和终身学习能力，以适应未来市场的多变需求。

（二）继续教育人才培养的学用一致原则

学用一致原则强调教学内容与实际应用的紧密结合,确保学习者所学即所用,满足个人成长和发展的实际需求。从教学内容上来看,继续教育既涵盖了广泛的理论知识,也注重实践教学的开展。理论知识是继续教育的基石,它能够让学习者不断更新知识体系,夯实理论功底,为未来的职业发展打下坚实的基础。而实践教学则是继续教育的灵魂,它通过模拟真实的工作场景,让学习者在实践中掌握技能,提升应用水平,从而更好地适应职场的需求。

基于产教融合的继续教育必须将教育和生产、理论和实践有机结合,即遵循学用一致原则。这一原则要求教育机构在设计和实施继续教育项目时,必须充分考虑市场的实际需求和学习者的职业发展路径。教育机构需要开展深入的市场调研,了解各行业、各领域对人才的需求变化,以及这些人才所需具备的知识和技能。同时,教育机构还需要结合教育对象的学习和发展需求,编制具有特色的教材,确定实用的教学内容,突出继续教育的特色和优势。

遵循学用一致原则不仅意味着教学内容的更新和完善,更意味着教学方式的创新和实践。教育机构需要采用灵活多样的教学方法,如案例教学、项目教学、实习实训等,让学习者在实践中学习,在学习中实践,真正做到学以致用。对于学习者而言,学用一致原则更是他们参加继续教育的初衷和期望。通过参加继续教育,学习者希望自己的知识储备能够更加丰富,实操水平能够得到提升。更重要的是,他们希望将所学到的知识和掌握的技能运用到实际工作中,解决工作中遇到的实际问题,体现出继续教育的实用性和价值。因此,教育机构在设计和实施继续教育项目时,必须充分考虑学习者的实际需求,确保教学内容与实际应用的紧密结合。同时,教育机构还需要与产业界保持密切的联系和合作,及时了解产业界的需求变化,调整和优化教学内容和方式,确保继续教育的与时俱进和实用性。

（三）继续教育人才培养的因材施教原则

因材施教原则强调根据学习者的个体差异,制定个性化的教学方案,以满足不同学习者的学习需求和发展目标。不同于常规的学校教育,继续教育的学习者群体具有多样性。他们来自不同的行业,年龄跨度大,学历背景也各不相同。有的学习者可能是刚步入职场的年轻人,希望通过继续教育提升自己的职业技能水平和竞争力;有的则可能是经验丰富的老员工,希望更新自己的知识体系,适应行业发展的新变化。这种多样性决定了继续教育人才培养必须贯彻"以人为本"的中心思想和因材施教原则。

在条件允许的情况下,继续教育应争取做到"一人一案",推行个性化教学。这意味着教育机构需要深入了解每一位学习者的学习背景、职业需求、兴趣爱好以及学习能力等方面的差异,为他们量身定制合适的教学计划和课程内容。例如,对于那些年龄较大、学历不高的学习者,他们在继续教育中可能面临更多的挑战。这部分学习者可能基础知识较为薄弱,对新知识的接受和理解能力相对较弱。因此,在继续教育中,教育机构需要从基础知识教起,帮助他们打牢基础,降低学习难度。通过采用生动易懂的教学方式,结合实例和案例,方便他们理解和消化新知识,逐步提升他们的学习能力和信心。而对于那些对新事物接受能力较强、理论功底较为扎实的学习者,他们可能更缺乏的是实操经验。针对这部分学习者,继续教育应侧重于提供多样化的实践机会。通过校企合作、实训基地建设等方式,让他们在实际操作中不断积累经验,锻炼自己的实践能力和创新能力。同时,教育机构还可以邀请行业专家进行授课或指导,让他们及时了解行业前沿动态和技术发展趋势,确保他们能够熟练运用专业技能,满足职场发展的需求。

三、产教融合背景下继续教育人才培养的路径

(一)革新教育理念,注重人才全面发展

开展继续教育的首要任务是革新教育理念,传统的教育理念往往侧重于知识的传授和技能的训练,而在产教融合背景下,继续教育更需要关注人才的全面发展。教师要及时转变教育理念,从以往单一的教学模式中走出来,探索和贯彻符合继续教育人才培养需求的教学理念。坚持短期与长期相结合是革新教育理念的关键,教师既要关注学习者当下的需求,通过开展灵活多样的继续教育课程,帮助他们快速学习知识、提升技能水平,从而在本职岗位上有更

加出色的成绩。这要求继续教育课程紧贴行业发展和市场需求,及时更新教学内容,确保学习者能够学到最前沿、最实用的知识和技能。同时,教师还要关注学习者长远发展需求,将职业生涯规划、职业素养培育等纳入继续教育体系中。这不仅有助于提升学习者的专业技能,还能增强他们的综合素质和竞争力,让学习者的"硬件"(专业技能)和"软件"(职业素养、综合素质)都能得到提升,实现人的全面发展。

为了适应终身教育的要求,在继续教育人才培养中还要贯彻"授人以渔"的教育理念。这意味着教师不仅要教会学习者具体的知识和技能,更要教会他们如何学习、如何独立探究。在信息化时代,知识获取的途径越来越多样化,但如何高效地筛选、整合和运用知识,却需要学习者具备一定的自主学习能力和独立探究精神。因此,继续教育应该注重培养学习者的自主学习能力,让他们逐步掌握学习的方法和技巧。只有这样,学习者才能降低对教师的依赖,进而根据个人的实际需求完成自学,这也是实现终身教育的必由之路。在革新教育理念的过程中,产教融合发挥着重要作用。通过校企合作、工学交替等方式,继续教育可以更加紧密地与产业发展相结合,教学内容更加贴近实际,教学方法更加灵活多样。同时,产教融合还可以为学习者提供更多的实践机会和就业渠道,帮助他们更好地将所学知识应用于实际工作中,提高就业质量和职业发展能力。

(二)创新教育模式,提供实践教学机会

1.完善继续教育课程体系

基于产教融合的继续教育人才培养模式,强调实践教学的重要性,致力于培育具备实际应用能力的人才。为顺应这一发展需求,构建一套契合继续教育独特属性的课程体系显得尤为重要,该体系需将产业、学术与研究三者紧密融合,充分彰显继续教育的实用性特征。在课程体系的开发进程中,学校应积极主动,邀请行业内的专家学者及企业高层管理人员,与学校内的资深教师携手,共同组建课程改革领导小组。该小组需综合考量培养目标、学习者需求、教育内容等多重因素,在此基础上,建立一套科学化、规范化的继续教育课程体系,以确保课程设置的合理性与有效性。从人才的职业生涯发展角度来看,

继续教育课程体系至少要包含三方面的内容:一是理论课程。密切关注行业发展前沿趋势,将新技术、新理论等纳入课程,通过继续教育帮助学习者动态更新知识。二是实践课程。紧跟着理论教学组织开展配套的实践活动,让学习者用理论指导实践,用实践检验理论,让自己的岗位胜任力得到提升。三是职业素养课程。结合行业特点、岗位特点开展综合素质教育,提升学习者爱岗敬业、精益求精、敢于创新、诚实守信等一系列职业素养。通过健全继续教育课程体系,真正培养学用一致、内外兼修的高素质人才。

2.采取多元化的教学模式

灵活性和多元化是继续教育的鲜明特色,考虑到学习对象在年龄、职业、兴趣等方面各不相同,要想提高继续教育人才培养质量,必须贯彻以人为本、因材施教的理念,探索多元化的教学模式。这样既能迎合学习者的个性需求,有利于培养其学习热情,逐步形成终身学习的习惯;同时还能突出继续教育的特色,吸引更多社会人群加入继续教育的队伍中来,在全社会营造一种全民学习的良好氛围。例如,推行"学分银行"教学模式,学习者可以在任何时间参加学习,每完成一次课程的学习都会获取一定的学分并存入学分银行,在积累足够多的分数后使用积分购买新的课程。通过零存整取的方式让学习者获取海量的学习资源,达到了终身教育的效果。或者是推行"定岗双元"教学模式,遵循以企业为主、以实践为特色的办学思路,由企业和学校共同开展继续教育。学习者首先在学校完成相关知识的学习,保证理论扎实;然后进入企业定岗实习,实习完毕后获得企业和学校颁发的"双证书"。

3.用远程教育平台开展教学

在终身教育理念下,学习者应当养成自学习惯,要抓住一切机会、利用碎片化时间,做到时时学、处处学,这样才能不断地接受新思想、学习新知识、掌握新技能,在终身学习中实现自我发展。近年来,在信息技术的支撑下"互联网+教育"蓬勃发展,在线课堂、远程教育得到了普及,成为一种新型的教学模式。相比于传统的课堂教学,远程在线教育不仅可以打破时间、空间对教学的限制,而且还能汇集海量的学习资源,实现学习资源的共享共用,满足了学习者多样化、个性化的学习诉求。因此,在继续教育人才培养实践中可以借助远程教育平台开展教学,满足学习者利用碎片化时间随时随地学习的需求。采取"线上学习+线下实践"的人才培养模式,学习者首先借助远程在线教育平台学习新知识、新技术,夯实理论根底;然后在实训基地或者工作岗位上进行实操练习,把知识与技能转化为生产力,真正实现了产教融合。

(三)改革考核制度,提升人才培养质量

考核评测是继续教育中的关键组成部分,其不仅是检验学习者学习成果的重要手段,更是推动教学质量提升、促进人才全面发展的重要环节。因此,对考核制度的改革与优化,对于提升继续教育人才培养质量具有至关重要的意义。

考核评测在继续教育中的作用不容小觑,通过开展阶段性的考核,一方面能够如实、直观地反映出学习者在近段时间的学习成果。这种反馈机制不仅让学习者清晰地了解自己的学习进度和成效,还促使他们更加珍惜课上和课下的时间,认真完成教师安排的学习任务。考核如同一种无形的约束和监督力量,激励着学习者保持学习的积极性和主动性,避免懈怠和拖延。另一方面,考核还能帮助教师深入了解学习者的学习状况,发现他们存在的短板和不足。通过分析考核结果,教师可以明确教学过程中存在的问题和不足之处,为下一步调整教学方法、提升教学水平提供有力的依据。这种教学相长的过程,不仅促进了教师的专业成长,也提高了教学的针对性和有效性。

传统的考核制度往往过于注重理论知识的考核,忽视了实践能力和职业素养的评价。在产教融合背景下,这种单一的考核方式显然已无法满足继续教育人才培养的需求。因此,我们必须结合产教融合的特点和继续教育的要求,对现行的考核制度给予相应的改革与优化。改革考核制度,首先要建立健全以能力测评为主导的考核体系。在产教融合背景下,继续教育的目标是培养具有实践能力和创新精神的高素质人才。考核应该更加注重学习者的实际操作能力和问题解决能力,通过项目实践、案例分析等方式,全面评估学习者的专业技能水平和实践经验。同时,理论考核作为辅助手段也是不可或缺的。理论知识是实践的基础,只有掌握了扎实的理论基础,才能更好地指导实践。因此,在考核中应适当保留理论知识的考核内容,但要注重考核方式的多样性和灵活性。此外,职业素养和品德修养作为继续教育人才培养的重要组成部

分,也应该纳入考核体系之中。通过考核学习者的职业道德、团队协作精神、责任心等方面的表现,可以全面评价学习者的综合素质和潜力。

在建立立体化考核制度的基础上,我们还需要根据学习内容的不同灵活调整考核的侧重点。例如,对于基础知识的学习,应侧重于考核学习者的理解和接受程度,通过选择题、填空题等方式检验学习者对基本概念的掌握情况。而对于专业技能的学习,则应侧重于考核学习者运用技能解决实际问题的能力,通过项目设计、实操演示等方式评估学习者的实践能力和创新思维。同时,考核制度的改革还应与产教融合的发展紧密相结合。通过与企业的深度合作,我们可以引入企业实际工作中的考核标准和要求,继续教育的考核更加贴近市场需求和产业发展趋势。这种校企合作的考核方式,不仅可以提高考核的实用性和针对性,还可以增强学习者的就业竞争力和职业适应能力。

(四)提升师资力量,构建"双师型"教师队伍

为了响应国家及各级政府关于全民终身学习的号召,职业院校、高等学校以及社会上的教育机构纷纷肩负起历史使命,相继开展了形式多样、内容丰富的继续教育,为广大社会人士提供了继续参加学习、不断提升自我的宝贵机会。继续教育作为教育体系的重要组成部分,其教学对象、教学内容和人才培养目标均具有特殊性,这对教师队伍提出了更高的要求。继续教育的教学对象往往是具有一定工作经验和社会经历的成年人,他们学习的目的更加明确,对知识的实用性和针对性有着更高的要求。同时,继续教育的内容往往与产业发展紧密相连,需要不断更新和拓展,以适应市场需求的变化。在人才培养目标上,继续教育更注重培养具有实践能力和创新精神的高素质人才。因此,我们要想提高教师的岗位胜任力,必须结合产教融合背景下继续教育人才培养的需要,开展专项培训,提升教师的业务水平。

在理论教学和实践指导上同时发力是继续教育对教师的基本要求。理论教学是教师传授基础知识、培养学习者思维能力的重要环节,而实践指导则是帮助学习者将理论知识转化为实际技能、提升问题解决能力的关键。为了培养出理论与实践有机统一的复合型人才,教师必须具备扎实的理论基础和丰富的实践经验。然而,当前继续教育教师队伍中,存在实践经验匮乏、实操能

力不强的问题。一些教师虽然理论知识丰富,但缺乏实际工作经验,难以将理论知识与实际应用相结合,导致教学内容空洞、乏味,无法激发学习者的学习兴趣。因此,在培训内容上,必须以实践为主,注重提升教师的实践能力和实操水平。利用校企合作、产教融合的契机,可以搭建教师与技术工程师、高层管理人员的交流平台,促进教师与行业专家的深入交流与合作。通过组织教师到企业一线岗位上观摩学习,教师亲身体验企业的工作环境和操作流程,提高教师的专业技能水平,帮助教师积累丰富的实践经验。这样,教师在继续教育中就能更好地解答学习者的各种问题,提升学习者对专业技能的应用水平。

随着继续教育的蓬勃发展,报名接受教育的学习者呈现出逐年递增的趋势,这对教师的数量与质量均提出了较高的要求。对于提供继续教育服务的高校而言,除了要做好本校在职教师的业务培训,使其承担一部分继续教育职能外,当前更加迫切的是加强人才的引进,致力于打造一支高素质、高水平的"双师型"教师队伍。"双师型"教师既能够胜任理论知识讲解,又能指导实践操作训练,是继续教育人才培养的理想选择。面向行业机构里的专家学者,或者是企业的工程师、管理者进行招聘,可以引进一批具有丰富工作经验、对市场用人需求有准确把握的优秀人才。他们在开展继续教育时,能够从市场需求出发,调整教学内容,使教学内容更加贴近实际、更加实用。

为了吸引和留住这些"双师型"教师,学校需要适当提高其薪资水平和福利待遇,为他们提供良好的工作环境和发展空间。同时,学校可以采用兼职授课的方式,让"双师型"教师在不影响本职工作的情况下,为继续教育贡献自己的力量。他们不仅可以进行理论讲解、指导实践操作,还可以开展职业生涯规划,帮助学习者明确职业发展目标,树立终身教育理念。此外,学校还可以建立"双师型"教师的培养机制,通过定期的培训、交流和考核,不断提升"双师型"教师的业务水平和综合素质。同时,鼓励"双师型"教师参与科研项目和产学研合作,推动产学研用深度融合,为继续教育人才培养提供更多的支持和保障。

第三节　乡村振兴战略下继续教育人才培养模式

乡村振兴战略是新时代我国"三农"工作的总抓手,旨在推动农业农村现代化,实现乡村全面振兴。在这一过程中,人才是关键因素。高校继续教育作为连接高等教育与社会的桥梁,承担着培养适应社会需求的高素质人才的重要使命。研究乡村振兴战略下继续教育人才培养模式,对于推动乡村振兴具有重要意义。

一、乡村振兴战略对人才培养的需求

(一)人才培养的多元化需求

乡村振兴战略的实施涉及多个层面和领域,呈现出显著的多元化需求特点。这不仅体现在农村经济产业的发展上,还深入生态环境保护、文化传承与创新、基层社会治理等方面。乡村振兴呼唤着各类专业人才的积极参与和贡献。在产业发展方面,需要懂技术、善经营、会管理的新型职业农民和农业科技人才,他们能够通过引进现代农业技术、优化产业结构,提升农业生产的效率和品质。在生态建设方面,则需要环保专业人才来推动农村环境的改善和保护,实现绿色发展。在此基础上,文化人才也是不可或缺的,他们能够挖掘和传承乡村文化,促进乡村文化振兴。随着乡村治理体系不断完善,对具备现代治理理念和实践能力的乡村治理人才的需求也日益迫切。这些专业人才将共同构成乡村振兴的中坚力量,其各自的专长和合力将推动乡村振兴战略在各个层面和领域取得实质性进展。培养和引进各类专业人才,成为实施乡村振兴战略的关键环节。

(二)人才培养的实用性需求

在乡村振兴战略的实施过程中,实用性需求的核心目标在于推动乡村的全面、可持续发展,而实现这一目标的关键在于人才。不同于其他领域,乡村发展更加注重实效,这就要求所引进和培养的人才必须具备解决实际问题的能力。具体而言,这些人才需要能够深入乡村一线,了解乡村的实际情况和需求,针对具体问题提出切实可行的解决方案,他们不仅要具备扎实的理论知识,更要有丰富的实践经验和动手能力,能够在实际操作中解决各种复杂问题,所以乡村振兴战略在人才需求上特别强调人才的实用性。这种实用性不仅体现在人才的专业技能上,更体现在他们的工作态度和解决问题的能力上。此类人才能够在乡村振兴的大潮中发挥出应有的作用,推动乡村发展不断取得新的突破和进展。

(三)人才培养的持续性需求

乡村振兴战略的实施并非一蹴而就的短期行动,而是一个涉及众多领域、需要长期投入与耐心的过程。这意味着为了应对乡村振兴过程中不断涌现的新挑战、新机遇,相关人才必须具备持续学习和发展的能力,其人才需要保持对新知识、新技能的敏感度和好奇心,能够主动适应乡村发展的变化,不断更新自己的知识结构和技能储备。他们应该具备终身学习的意识,能够通过各种途径和方式不断提升自己,以满足乡村振兴不同阶段的需求。此外,此类人才还应具备在复杂多变的乡村环境中稳定发展的能力。他们需要有良好的心理素质和适应能力,能够在面对困难和挫折时保持积极的心态,坚持为乡村振兴贡献自己的力量。

(四)人才培养的创新性需求

在乡村振兴战略中,创新性不仅要求人才具备扎实的专业知识和技能,更需要他们拥有创新思维和创新能力,以应对农村产业升级、文化创新等方面的挑战。随着农业现代化的推进,传统的农业生产方式已难以满足市场需求,农村产业亟待升级。这就需要一批具有创新思维的人才,能够引入新技术、新模式,打破传统束缚,推动农村产业朝着更高效、更环保、更可持续的方向发展。同时,文化创新也是乡村振兴的重要组成部分。在保护和传承乡村文化的基础上,需要具有创新能力的人才,通过文化元素的重新组合、文化表达方式的创新等手段,打造具有乡村特色的文化品牌,增强乡村文化的吸引力和影响力。在乡村振兴战略对人才的需求特点中,创新性需求占据着重要地位。只有拥有了这样一批具备创新思维和创新能力的人才,才能为乡村带来真正的活力和可持续发展的动力。

二、继续教育在人才培养中的角色定位

(一)职业技能的提升者

作为职业技能的提升者,继续教育在乡村振兴战略中可以针对乡村发展的实际需求,设计和提供一系列职业技能培训和提升课程,旨在帮助乡村人才增强就业能力,提升产业发展水平,进而推动乡村全面振兴。此类职业技能培训和提升课程紧密围绕乡村产业、生态、文化等领域的发展需求,涵盖了农业技术、乡村旅游、农村电商等多个方面。通过专业的课程设计,高校继续教育不仅要为乡村人才提供系统、全面的职业技能培训,他们能够掌握一技之长,提升在乡村发展中的竞争力,还要注重理论与实践的结合,通过案例分析、实地考察、实践操作等多种教学方式,帮助学生将所学知识转化为实际能力。这不仅能够增强学生的学习兴趣,还能够提高他们的学习效果,确保他们能够真正掌握所学技能。此外,继续教育还要积极与乡村企业、行业协会等合作,共同开展职业技能培训和提升课程。这种合作模式不仅能够为学生提供更多的实践机会和就业渠道,还能够促进乡村产业与高校继续教育的深度融合,推动乡村产业创新发展。

(二)教育资源的整合者

为了更好地服务乡村振兴战略,继续教育应积极整合校内外教育资源,打破传统教育模式的局限,构建一个开放、灵活的教育体系。其教育体系不仅应充分利用高校内部的优质教育资源,如优秀的师资力量、丰富的教学经验和先进的科研设施,还应积极寻求与外部机构,包括企业、行业协会、研究机构等的合作,共同开发教育资源,实现资源共享和优势互补。通过整合校内外教育资源,高校继续教育能够打造一个多元化、立体化的学习平台,为乡村振兴提供全方位、多层次的人才支持。这种开放、灵活的教育体系不仅能够满足乡村振兴对各类人才的需求,还能够促进人才的全面发展,提升他们的综合素质和创新能力。高校继续教育应不断探索和创新教育模式,加强与内外部的沟通与协作,为乡村振兴战略的实施提供有力的人才保障和智力支持。

（三）终身学习的推动者

继续教育在推动乡村振兴的过程中,积极倡导终身学习理念,大力支持乡村人才的持续成长。这一理念的推广和实践,对于乡村的长远发展和振兴具有深远的意义。终身学习不仅是一种个人发展的需求,更是乡村振兴战略下人才培养的核心要义。随着科技的飞速发展和社会的不断进步,乡村发展面临前所未有的机遇和挑战。只有不断学习、不断进步,才能适应这种变化,抓住机遇,应对挑战。继续教育作为终身学习的重要平台,为乡村人才提供了多样化的学习资源和灵活的学习方式。无论是农业技术的更新,还是乡村治理模式的创新,都能在这里找到相应的学习资源和支持。这种学习不受时间和空间的限制,可以根据个人的需求和兴趣进行自主选择,极大地提高了学习的积极性和效果。并且通过与实际工作相结合,将所学知识转化为实际能力,为乡村发展贡献智慧和力量。这种学以致用的学习方式,不仅提高了学习的实用性,也增强了学习的动力和信心。倡导终身学习理念,支持乡村人才的持续成长,是高校继续教育在乡村振兴战略中的重要使命。

（四）创新思维的引导者

继续教育在乡村振兴战略中不仅是知识的传播者,更是创新思维引导者。在快速变化的乡村发展环境中,传统的思维模式已难以应对新挑战,因此培养学生的创新思维和创新能力成为重中之重。为了实现这一目标,高校继续教育采用了多种教学方法和手段,如鼓励学生跨学科学习,打破思维定式,从多角度审视和解决问题,通过项目式学习、实践操作等方式,学生在实践中锻炼创新思维,提高创新能力。其创新思维的培养,不仅有助于学生个人的成长,更能为乡村创新发展注入新活力。具备创新思维和创新能力的学生能够敏锐地捕捉乡村发展中的新机遇,提出创新性的解决方案,推动乡村产业、文化等方面的创新发展。高校继续教育在乡村振兴战略中,扮演着创新思维引导者的重要角色,通过培养学生的创新思维和创新能力,为乡村的可持续发展提供了源源不断的人才支持和创新动力。

三、乡村振兴战略下继续教育人才培养策略

(一)构建与乡村振兴需求匹配的课程体系

继续教育在助力乡村振兴的过程中,承担着构建与乡村振兴需求相匹配的课程体系的重要任务。这一课程体系的构建,不仅关乎教育资源的有效利用,更直接影响着乡村人才的培养质量和乡村振兴的成效。

构建与乡村振兴需求相匹配的课程体系,要求高校继续教育深入调研乡村发展的实际情况和需求。这包括对乡村产业结构、生态环境、文化传统以及社会治理等方面的全面了解。只有深入乡村一线,与乡村干部群众沟通交流,才能真正把握乡村发展的脉搏,为课程体系的构建提供坚实的需求基础。在调研的基础上,继续教育应结合自身的教育资源和优势,围绕乡村振兴的总要求,设置针对性强、实用性高的课程。这些课程应涵盖农业技术、生态保护、文化传承、乡村治理等多个方面,旨在提升乡村人才的综合素质和专业技能水平。在此基础上,课程设置还应注重与时俱进,及时引入新技术、新理念,确保课程内容的前瞻性和引领性。

构建与乡村振兴需求高度契合的课程体系,需要秉持理论与实践并重的原则。理论知识作为实践的基石,为实践提供指导与支撑;而实践则是理论的试金石,通过实践可以验证理论的正确性并促进其深化与发展。在高校继续教育的课程设置上,应兼顾理论知识的传授与实践环节的设计,实现二者的有机融合。在理论教学层面,继续教育应充分利用现代信息技术手段,如在线教育平台、混合式教学模式等,以创新教学方式,提升教学效果与学习体验。同时,应积极邀请行业内的专家学者来校授课或举办讲座,为学生搭建与学术前沿人士直接交流的桥梁,从而拓宽其学术视野,激发创新思维。在实践教学方面,高校继续教育应深化与乡村企业、行业协会、科研机构等的合作关系,共同打造实践教学基地,为学生提供多元化、实战化的实践平台。通过组织学生参与乡村振兴实际项目、开展田野调查研究、进行实习实训等活动,学生在实践中深化对理论知识的理解,锻炼并提升其解决实际问题的能力。

构建与乡村振兴需求相匹配的课程体系,应注重课程的评价和反馈。高

校继续教育应建立完善的课程评价体系,定期对课程设置、教学内容、教学效果等方面进行评估。通过积极收集学生的反馈意见的方式,及时调整和优化课程内容,确保课程体系的针对性和实效性。值得一提的是,构建与乡村振兴需求相匹配的课程体系并非一蹴而就的过程,而是需要高校继续教育与乡村发展实际紧密结合,不断探索和创新的过程。在这个过程中,高校继续教育应始终保持开放、灵活的态度,积极适应乡村发展的变化,为乡村振兴提供持续、有力的人才支撑和智力支持。

(二)灵活采用线上线下相结合的教学方式

教学方式创新在继续教育中具有举足轻重的地位,尤其在当前数字化、信息化的时代背景下,采用线上线下相结合的教学方式,不仅提高了教学的灵活性和实效性,还为乡村振兴战略的实施注入了新的活力。

线上线下相结合的教学方式的优势在于对教学资源的高效整合与充分利用。线上教学依托互联网与数字技术的强大支撑,突破了传统教学在时间与空间上的局限,使得优质教育资源得以跨越地域限制,广泛惠及乡村地区。无论是城市知名专家学者的精彩授课视频,还是先进的教学软件与模拟实验平台,均可通过网络平台实现资源共享,让乡村学生能够根据自己的时间安排与学习进度,随时随地开展学习,极大地增强了学习的自主性与灵活性。相较于线上教学,线下教学则更加侧重于实践性与互动性。通过面对面的课堂教学、实地考察以及小组讨论等多种形式,学生能够更直观地理解和掌握知识内容,同时在实践中锻炼团队协作与沟通能力。特别是在乡村振兴的实践中,诸多实际问题需要通过实地考察与调研来深入探究与解决,线下教学为此提供了坚实有力的支持,有助于学生将理论知识与实际相结合,提升解决实际问题的能力。

线上线下教学的有机结合实现了优势互补,既保证了教学的广度,又确保了教学的深度。例如,在农业技术推广课程中,我们可以先通过线上教学让学生了解基本的理论知识和技术要点,然后通过线下教学组织学生到田间地头进行实际操作和演练。这样既能保证学生对知识的全面理解,又能提高他们的实际操作能力。此外,线上线下相结合的教学方式还能有效激发学生的学习兴趣和学习动力。线上教学可以通过多媒体手段,如视频、音频等,将枯燥的理论知识变得生动有趣,提高学生的学习积极性。而线下教学则可以通过实践活动和案例分析,让学生看到学习的成果和应用价值,进一步增强他们的学习动力。

在乡村振兴战略中人才的培养是关键,而教学方式创新是提高人才培养质量的重要途径。通过线上线下相结合的教学方式,不仅可以培养出更多具备专业知识和实践能力的高素质乡村人才,还能为乡村的可持续发展提供源源不断的创新动力。在教学方式创新过程中,也对高校教师提出了更高的要求,不仅需要具备扎实的专业知识和丰富的教学经验,还需要掌握现代化的教学手段和方法,能够熟练运用互联网和数字技术进行教学设计和实施。这无疑是对高校教师队伍建设的一次全面升级。需要注意的是,线上线下相结合的教学方式并非一成不变的模式,而是需要根据乡村发展的实际需求和学生的实际情况进行不断调整和优化。在课程内容的选择上,应更加注重实用性和针对性,确保所教所学能够真正应用到乡村振兴中去;在教学方式的设计上,也应更加注重灵活性和多样性,以满足不同学生的学习需求和学习习惯。

(三)积极推动校企合作与评价机制的创新

1.推动校企合作创新

校企合作创新在促进继续教育与乡村振兴深度融合的过程中,彰显出了巨大的潜力与重要价值。在当前社会经济发展的宏观背景下,高校与乡村企业、社会组织之间的紧密协作,不仅为人才培养提供了实践平台,赋予了其更为广阔的发展空间,同时也为乡村振兴战略的实施注入了新的动力与活力。

校企合作创新为高校继续教育指明了更为明确且实用的教学方向。通过深化与乡村企业、社会组织的合作关系,高校能够更加精准地把握乡村发展的实际需求与趋势,从而有针对性地设计教学内容、优化教学方式。这种以实际需求为导向的教学模式,不仅显著提升了教学的实效性与针对性,还为乡村人才培养提供了更为精准、有效的支持,为乡村振兴战略的深入实施奠定了坚实的人才基础。在与乡村企业的合作中,高校可以通过了解企业的运营模式、技术应用和人才需求等信息,为学生提供更加符合市场需求的职业技能培训。

企业也可以参与到高校的教学过程中,提供实践基地、实习机会等资源,帮助学生在实践中深化理论认识,提高解决实际问题的能力。而与乡村社会组织的合作,则应更加注重对乡村文化、生态和社会治理等方面的关注和研究。通过与社会组织的合作,高校可以引导学生深入了解乡村社会的实际情况和问题,培养他们的社会责任感和使命感。在此基础上,社会组织也可以为高校提供丰富的案例和实践经验,帮助学生更加全面地了解乡村发展的多元性和复杂性。

校企合作创新机制为乡村企业和社会组织构筑了更为稳定且持续的人才支撑体系。随着乡村振兴战略的不断深化推进,乡村企业与社会组织对高素质人才的需求日益凸显,呈现出愈发迫切的态势。高校作为人才培养的主阵地,通过加强与乡村企业、社会组织的深度合作,有效实现了人才培养与乡村发展需求的精准对接。这一对接机制不仅体现在为乡村企业和社会组织输送符合其特定需求的毕业生方面,还深入拓展至为在职人员提供系统化、持续性的继续教育和专业培训方面。借助与高校的紧密合作,乡村企业和社会组织能够更为便捷地获取最前沿的科研成果及行业动态信息,进而全面提升员工的专业技能水平与创新思维能力。高校应深入调研企业和社会组织的实际需求,据此量身定制个性化的培训项目与课程体系,帮助学生在职业技能水平与综合素质方面实现全面提升。

校企合作创新还为乡村发展带来了更加广泛的社会资源和创新动力。高校作为知识创新和技术创新的重要源泉,通过与乡村企业、社会组织的合作,可以将更多的科研成果和创新理念引入乡村发展中来。这种创新资源的引入,不仅能够推动乡村产业的升级和转型,还能够促进乡村的全面进步和发展。通过校企合作创新,为乡村发展搭建了合作与交流平台。通过高校与乡村企业、社会组织的合作,可以促进城乡之间的资源共享和优势互补,推动城乡一体化发展。这种合作与交流不仅为乡村发展提供了更加多元化的资源,还为乡村人才培养提供了更加广阔的视野。

2.推动评价机制创新

传统的评价机制往往注重知识的记忆和考试的分数,而忽视了学生实际能力的培养和提升。在乡村振兴的实践中,更需要的是具备创新思维和解决实际问题能力的人才。因此,建立以能力为导向的评价机制,注重过程评价和结果评价的有机结合,成为高校继续教育改革的必然趋势。

以能力为导向的评价机制,其核心在于对学生实际能力的全面评估。这一机制不再局限于对学生知识掌握情况的考查,而是将重点放在学生在实践中的表现以及能力的动态提升上。在农业技术教育等领域,学生需不仅掌握扎实的理论知识,还应具备将理论应用于实践、解决实际问题的能力。为此,我们可采用实践技能测试、案例分析报告、项目实施成果等多种评价方式,全方位、多维度地考量学生在理论学习与实践操作中的综合表现,以期培养出更多适应乡村振兴需求的高素质人才。

过程评价在评价机制创新中占据了重要地位,过程评价关注学生在学习过程中的表现,而不仅是最终的学习成果。这种评价方式既可以更加全面地反映学生的学习情况和进步,也能够及时发现和解决学生在学习过程中遇到的问题。在乡村振兴的实践中,过程评价可以帮助学生更好地理解和应用所学知识,提高他们的实际操作能力和解决问题的能力。例如,在乡村规划课程中,学生需要参与到实际的乡村规划项目中,通过实地考察、调研和分析,形成自己的规划方案。过程评价可以关注学生在项目中的参与度、合作精神、创新思维和实践能力等方面的表现,及时给予反馈和指导,帮助他们在实践中不断提升自己。

结果评价是评价机制中不可或缺的一部分,结果评价主要关注学生的学习成果和绩效,是衡量学生学习效果的重要指标。在以能力为导向的评价机制中,结果评价应该更加注重学生的实际能力和应用成果。例如,在乡村创新创业课程中,学生需要完成实际的创业项目或商业计划书。结果评价可以关注项目的创新性、适用性、市场前景等方面,评估学生的创业能力和商业思维,并邀请行业专家或企业家参与评价,提供更具针对性和实际性的反馈和建议。

为实现过程评价与结果评价的有机融合,继续教育领域需要构建一套完善、系统的评价体系与明确具体的评价标准。该评价体系应涵盖多个评价环节,并纳入多元评价主体,以确保评价的全面性、客观性及公正性。评价标准则需具备明确性、具体性和可操作性,既要能够准确反映学生的能力水平,又要能有效指导学生的学习路径与发展方向。在评价过程中,我们应及时将评价结果反馈给学生,使他们能够清晰了解自身的优势与不足,并据此制订个性化的学习计划与发展目标,促进自我提升。同时,高校应充分挖掘评价结果的潜在价值,将其作为改进教学方法、优化课程设置的重要依据,通过不断调整和完善教学策略,切实提高教学质量与效果。

需要注意的是,评价机制创新需要高校、教师、学生和社会的共同参与和努力。高校需要营造开放、包容、创新的评价氛围,鼓励和支持教师进行教学评价改革。教师需要不断更新评价理念和方法,提高评价能力和水平。学生需要积极参与到评价过程中来,认真对待每一个评价环节和反馈意见。社会需要关注和支持高校继续教育的评价机制创新工作,为乡村振兴培养更多具备实际能力的高素质人才。

第四章　地方高校继续教育的助力与改革

在当今社会,继续教育作为终身教育体系的重要组成部分,对于提升国民素质、促进经济社会发展具有重要意义,地方高校作为继续教育的重要载体,其助力与改革显得尤为重要。本章主要探讨地方高校继续教育资源整合路径、终身教育政策对继续教育的助力、地方高校继续教育组织文化建设、地方高校继续教育的供给侧改革。

第一节　地方高校继续教育资源整合路径

地方高校应该整合优化现有的校内外继续教育资源,最大限度地发挥有限的教育资源的利用率和经济效益,推动继续教育持续发展。地方高校继续教育资源的有效整合是提升教育质量、拓宽教育覆盖面的重要途径,其路径如下(图4-1):

图4-1　地方高校继续教育资源整合路径

一、成立区域大学继续教育联盟

在当前资源分配不均、投入增长有限的背景下,成立区域大学继续教育联盟(以下简称"联盟")旨在打破资源壁垒,促进资源共享与协作,通过制度化的合作机制实现地方高校继续教育资源的优化配置和高效利用。

在区域大学继续教育联盟的框架下,高校间需基于共同协商的原则,制定统一的管理办法和政策框架,以确保资源分配的公平性和合理性。在满足全日制本科及研究生教学基本需求的前提下,高校应将富余的教育资源,如图书馆藏书、教学设施、体育场馆、实验室等,向继续教育领域乃至社会公众开放。这要求建立有效的管理和协调机制,确保资源的充分利用和价值的最大化,同时促进高校内部及高校之间的资源流动与共享。

建立教育资源信息共享平台是提升继续教育资源使用效率的重要手段,依托现代信息技术和网络传播渠道,地方高校可以联合构建资源信息系统,这一平台不仅能够集中展示各高校的教育资源,还能通过信息传播技术的优势,为学习者提供丰富多样的教育信息和学习机会。具体而言,联盟内的高校可以共同开发网络公共课程、专业学科精品课程,以及多媒体教学课件,实现优质教学资源和图书信息资源的共建共享。此外,通过制定科学合理的学分互认标准和转换体系,促进跨校选课和学分互认,这不仅有助于特色化优质课程的广泛传播,还能创新继续教育的人才培养模式,进而提升人才培养的整体质量。

二、拓展继续教育社会办学资源

拓展继续教育社会办学资源是一个涉及多方协作、资源共享与优化配置的过程,对于提升继续教育的办学质量和效益具有重要意义。拓展继续教育社会办学资源可以从以下方面着手:

第一,加强高校与企业的合作,建立产业化的继续教育联盟。企业与高校作为社会创新体系的两大主体,各自拥有独特的资源优势。企业掌握着市场动态和行业需求的第一手信息,而高校则拥有丰富的人才资源。通过加强校企合作,地方高校可以更加准确地把握市场需求,调整继续教育的专业设置和课程内容,使其更加贴近实际、贴近行业。同时,企业可以为地方高校提供实习实训基地、技术支持和资金援助,帮助高校提升继续教育的实践教学质量和学生的就业竞争力。此外,双方还可以共同研发继续教育项目,推动科研成果的转化和应用,形成产学研一体化的继续教育模式。这种产业化的联盟,不仅有助于提升地方高校的教育质量和效益,还能为企业培养更多符合需求的高素质人才,实现共赢。

第二,强化高校与社区的协作,实现社区教育资源的有效整合。社区作为社会生活的基本单元和共同体,不仅配备了完善的教育和生活服务设施,还建立了相应的管理机构和制度体系。社区成员对所属社区有深厚的情感认同和心理归属感,这一特性使得社区成为继续教育资源和潜在教育对象的宝贵源泉。鉴于此,高校应通过与社区的紧密协作,充分发挥自身优势,对相应区域的教育资源进行协调、管理、优化和整合,为继续教育事业的发展注入新的活力。社区教育资源的开发、整合与高效利用,不仅是国家推动学习型社会建设、构建终身教育体系的关键环节,也是高校提升继续教育办学水平、拓展办学渠道的重要战略选择。

第三,融合地方经济特色,深度挖掘经济园区教育资源潜力。地方经济特色是地方高校继续教育发展的重要支撑和独特优势。每个地方都有其独特的产业结构和发展方向,这为地方高校提供了丰富的教育资源和实践机会。经济园区作为地方经济发展的重要载体,汇聚了大量企业和创新机构,拥有先进的生产设备、技术平台和研发资源。地方高校可以通过与经济园区建立合作关系,深度挖掘其教育资源潜力,为继续教育提供实践基地、案例教学和项目合作等支持。同时,地方高校还可以根据地方经济特色,设置具有地方特色的继续教育专业或课程,培养符合地方经济发展需求的高素质人才。这种融合地方经济特色的继续教育模式,不仅有助于提升地方高校的教育质量和针对性,还能为地方经济发展提供有力的人才支持和智力支持。

第四,深化与社会相关产业的跨界合作,拓展地方高校教育资源的新疆域。地方高校应着力加强与政府、企业以及各类社会团体的深度合作,尤其要重点关注电子信息商务、文化创意与设计、健康养老服务等新兴产业领域,寻求合作契机。通过政府的积极协调与政策鼓励,促进高校优质教育资源与社会广泛存在的教育资源实现更深层次的融合。这种跨界合作模式,能够有效汇聚政府、高校、企业等多方力量,整合多种教育资源与手段,使得优质教育资源如同政府公共资源和社会公共服务,得以在更广泛的范围内共享。同时,我们可将继续教育资源的共享纳入社会终身教育体系的整体构建之中,为学习型社会的形成与全民终身学习的推广提供坚实的支撑与保障。

三、开发继续教育网络教育资源

随着终身学习理念的深入人心和在线教育技术的飞速发展,开发继续教育网络教育资源已成为地方高校提升教育质量、拓宽服务范围、增强社会适应性的重要途径。

地方高校需明确网络教育资源开发的战略定位,网络教育资源作为继续教育的重要组成部分,其开发应紧密围绕地方经济社会发展的需求和人才培养目标,注重实用性和前瞻性。地方高校应充分利用自身学科优势和专业特色,结合区域产业发展布局,规划网络教育资源的开发方向和重点,确保资源内容与地方实际需求相契合,提高资源的针对性和有效性。

地方高校应注重网络教育资源的系统性和完整性,网络教育资源不仅包括教学视频、课件、电子教材等基本教学材料,还应涵盖在线测试、作业系统、互动论坛等辅助教学工具,以及学习路径规划、个性化推荐等智能服务功能。地方高校应通过建立完善的资源开发机制,确保各类资源之间的有机衔接和相互支撑,形成系统化、立体化的网络教育资源体系,为学习者提供全方位、多层次的学习体验。

地方高校应重视网络教育资源的创新性和互动性,在信息技术日新月异的今天,传统的单向传授式教学模式已难以满足学习者的多元化需求。地方高校应积极探索新兴技术在网络教育资源开发中的应用,如虚拟现实、增强现实、人工智能等,以创新的教学方式激发学习者的学习兴趣和积极性。此外,通过设置在线讨论、协作学习等环节,增强学习者之间的互动和交流,促进知识共享和思维碰撞,提升学习效果。

地方高校应注重资源的开放性和共享性,开放教育资源不仅有助于降低学习成本,提高教育资源的利用效率,还能促进教育公平和知识的广泛传播。

地方高校应积极参与国内外开放教育资源建设项目,将自身优质的继续教育资源向社会开放,同时积极引进和整合外部优质资源,丰富资源种类和内容,提升资源的整体质量和水平。

四、多渠道地筹措继续教育资金

在地方高校继续教育的快速发展进程中,资金的充足与否直接关系教育资源的整合效率与质量。为了保障继续教育的可持续发展,地方高校必须积极探索多渠道筹措继续教育资金的路径,以多元化的资金来源支撑教育资源的优化配置和持续创新。

地方高校应充分利用政府财政支持这一主要资金来源,政府作为公共教育的主要提供者,对继续教育的投入是地方高校筹措资金的重要基础。地方高校应积极与政府相关部门沟通协作,争取政府在政策、资金等方面的支持与倾斜。通过深入了解政府的教育发展规划和资金投入方向,地方高校可以更加精准地定位自身的继续教育项目,提高资金使用的针对性和有效性。同时,地方高校还应积极参与政府组织的各类教育项目申报,争取获得更多的专项经费支持。

除了政府财政支持外,地方高校应积极拓展社会捐赠这一资金筹措渠道。社会捐赠作为教育资金的重要补充,可以为地方高校继续教育提供宝贵的资金支持。地方高校应通过建立完善的捐赠机制,加强与社会各界的联系与合作,积极寻求企业、社会团体和个人的捐赠支持。在捐赠过程中,地方高校应注重捐赠者的意愿和需求,确保捐赠资金的使用与捐赠者的期望相一致,提高捐赠资金的利用效率。

地方高校可以通过校企合作、产学研结合等方式筹措继续教育资金。校企合作不仅可以为地方高校提供实习实训基地、就业渠道等教育资源,还可以为企业提供人才培养、技术研发等服务,实现双方互利共赢。通过与企业建立紧密的合作关系,地方高校可以获得企业的资金支持,用于继续教育的项目开发、课程建设等。同时,产学研结合也可以促进地方高校与科研机构、产业界的深度融合,推动科研成果的转化和应用,为继续教育提供更多的资金和技术支持。

在信息化时代背景下,地方高校还可以利用网络平台筹措继续教育资金。通过网络众筹、在线教育平台合作等方式,地方高校可以吸引更多社会力量的关注和支持。网络众筹作为一种新兴的资金筹措方式,具有门槛低、传播快等特点,可以为地方高校继续教育项目提供快速的资金支持。同时,与在线教育平台合作,地方高校可以拓宽继续教育的服务范围,提高教育资源的利用率,从而获得更大的经济收益和社会效益。

五、建立教育资源优化配置机制

地方高校在资源配置和使用过程中,需着力克服随意性问题,实现资源的归口管理与统一协调,这是构建一套行之有效资源配置机制的关键。该机制的建立,旨在为科学合理地利用资源、最大限度提升资源使用效率提供坚实的体制保障,推动地方高校教育事业的持续健康发展。利益机制作为资源优化配置的核心要素,其构建需充分考量效益与效率双重维度。效益又可细分为经济效益与社会效益,两者相辅相成,共同构成资源配置的决策基础。在资源配置过程中,地方高校应以社会需求为导向,全面综合各方利益诉求,权衡利弊得失,进行科学合理的统筹规划。通过严谨的决策程序和公正的分配机制,将有限的教育资源精准投向最为亟须的办学领域,建立起高效协同的共建共享机制,有限的教育资源能够充分发挥其经济与社会双重效益。责任机制是确保资源优化配置得以有效实施的重要保障措施,主要涵盖问责与激励两个方面,针对办学机构而设立。通过加强组织管理与合理配置,深入挖掘内部潜力,提高资源使用效益。同时,主管部门应建立健全绩效考核与评估体系,对表现突出、成绩显著的继续教育办学机构给予资源供给上的倾斜与奖励;对不合格的机构则依法依规予以惩治,从而营造出公平、有序、竞争与激励并存的良好环境,激发办学机构的活力与创造力,推动继续教育的持续发展。地方政府主管部门应充分发挥其统筹协调职能,就区域内高校资源共享进行全面规划、协调推进和控制管理。通过深入挖掘各种资源潜力、优化资源配置结构、提高资源使用效率等措施,确保地方高校继续教育的办学水平和质量得到全面提升与持续发展。

六、加强教育资源使用监督管理

加强教育资源使用监督管理是确保资源整合成效、推动继续教育健康发展的重要环节。继续教育资源整合不仅是地方高校继续教育战略调整的重要手段,也是地方高校职能机构日常行政管理的重要职责。在高等教育优质资源有限且分布不均衡的当下,地方高校需通过校内外资源的有效整合,借助现代化的信息管理平台,实现教育管理的集约化,提升资源利用效率。在此过程中,加强对办学机构资源使用的监督管理显得尤为重要。地方高校应建立健全资源使用监管机制,确保资源分配合理、使用规范,避免资源的不当使用、损失浪费等现象的发生。通过严格的监管,可以促使办学机构有效利用资源,发挥其最大的经济效益和社会效益。同时,加强监督管理还有助于推动高校继续教育的创新发展,促进人才培养模式的改革,进而提高人才培养质量。地方高校应不断完善监管体系,加大监管力度,为继续教育的持续发展提供有力保障。

第二节 终身教育政策对继续教育的助力

终身教育既是培育高素质人才的重要理念,也是促进高校继续教育事业转型发展的保证。在新时代,我国持续推出具有可行性的终身教育政策,弥补传统继续教育体系的缺陷,为继续教育院校学生的发展提供政策支持。继续教育事业承担着提升学生综合素养、促进学生工作能力提升的责任。为推动继续教育转型,实现终身教育政策的目标,参与继续教育的主体应当承担责任,落实终身教育政策目标,增强自身在继续教育中的参与感。

一、终身教育政策的价值取向分析

我国正致力于构建一个全民化的终身学习体系,高校继续教育作为这一体系的重要组成部分,正迈向更高层次的发展阶段。高校继续教育若要实现高质量发展,还需明确新的发展目标,并细化政策实施的具体环节。终身教育政策根植于人才强国和教育强国的宏观战略,探讨其价值取向,有助于推动高校继续教育转型。

　　终身教育政策表现出鲜明的多元化价值取向。这一取向不仅是对教育本质深刻理解的体现,也是对社会发展多元化需求的积极响应。在政策制定层面,多元化价值取向意味着政策设计需兼顾广泛的社会群体利益,确保教育资源的公平分配与高效利用。它要求继续教育领域的实践者,紧跟终身学习的时代步伐,将促进学习者的全面发展作为核心目标,同时紧密围绕经济社会发展的实际需求,不断调整和优化教育内容与形式。具体而言,高校继续教育在转型过程中,需坚守人本主义理念,将学生置于教育活动的中心,不仅关注其学历层次的提升,更重视其学习能力与工作技能水平的提高。在此基础上,政策体系应展现出高度的灵活性与适应性,确保继续教育能够与国家经济社会发展战略相契合,通过创新办学模式、优化办学结构、完善治理体系等多维度改革,推动继续教育的现代化转型。

　　终身教育政策呈现出系统化、精细化的价值取向,这是对传统教育政策碎片化、应急式弊端的深刻反思与超越。在新时代背景下,面对快速变化的社会需求与教育挑战,终身教育政策需承担起构建完善政策体系的重任,以解决现有政策中的滞后性问题,确保政策的连续性与前瞻性。以职业技能人才培养领域为例,尽管相关政策数量日益增多,但缺乏系统性和高度黏性的制度体系仍是制约其发展的关键因素。因此,高校继续教育需针对自身存在的结构性问题,加大改革力度,通过深入调研社会发展实际,对现有政策进行全面梳理与重构。特别是在职业技能人才继续教育培养体系中,应建立完善的政策框架,既注重宏观层面的战略规划,又关注微观层面的操作细节,以系统化的政策导向,为培养高素质职业技能人才提供坚实的制度保障,推动高校继续教育体系的可持续发展。

　　终身教育政策秉持健全性与协同性的价值取向,这是继续教育跨越传统边界,成为社会关注焦点的必然要求。随着高校继续教育培养对象的广泛拓展,如何建立高效协同的政策与执行机制,成为提升治理水平的关键。在职业技能人才培养等具体领域,高校需强化跨部门合作,完善跨领域治理机制,提升统筹协调与资源整合能力。同时,鼓励社会力量积极参与,增强政策制定的透明度与科学性,是确保政策有效实施并产生预期社会效益的重要途径。这要求政策制定者不仅关注政策内容的科学性与合理性,更要注重政策执行过程中的协同效率与实效性,通过建立健全的监督评估机制,确保政策目标得以顺利实现,为构建学习型社会、促进人的全面发展贡献力量。

二、终身教育政策助力继续教育转型的策略

终身教育政策助力继续教育转型的策略包括以下方面(图 4-2):

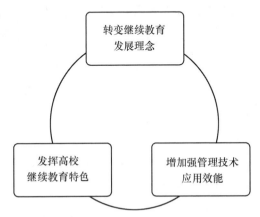

图 4-2 终身教育政策助力继续教育转型的策略

(一)转变继续教育发展理念

在终身教育政策的助力下,高校继续教育的转型与发展迎来了前所未有的机遇与挑战。其中,转变继续教育的发展理念是推动这一进程的关键所在。这一变革的核心,在于融合并优化多样化的社会资源,提升资源的使用效率,并特别强调对职业技能人才培养的倾力支持。教育主管部门的政策导向和资源配置的能力,对继续教育的现代化发展路径具有决定性影响。因此,转变教育主管部门的治理理念,使其更加聚焦于职业技能人才培养这一战略目标,成为提升教育资源使用效能的关键环节。这要求教育部门不仅要深入剖析高校继续教育的现状,精准把握其发展过程中的难点与痛点,还要基于这些深入细致的研究,制定出更加完善、具有前瞻性的方针政策。同时,教育部门还需充分发挥其协调作用,寻求不同主体间的利益共同点,通过资源的有效整合和协商共治机制的建立,最大化地发挥资源的整体效用。

为了实现高校继续教育的顺利转型,应该构建一个涵盖多方主体的继续教育发展与转型工作共同体。教育主管部门应积极拓宽视野,引入外部优质资源,鼓励社会组织、行业、企业等多方力量参与到方针政策的制定过程中来。职业技能人才的培育是一项复杂而系统的工程,需要全社会的共同努力和协同作战。只有多主体协调配合,形成合力,才能为职业技能人才的发展提供充足的资源支持和广阔的发展空间。然而,当前不同社会主体在参与继续教育转型工作时,对终身教育政策的理解存在差异,参与感和贡献度不尽相同。因此,教育主管部门需承担起引导者的重任,创新继续教育管理机制,通过搭建交流平台、提供专业培训等方式,提升各参与主体的专业度和参与度,为高校继续教育的转型奠定坚实的组织基础。

继续教育主管部门需高度重视公民精神的培育,积极宣传参与意识的重要性。这不仅是推动继续教育转型的内在要求,也是提升社会整体教育水平、构建学习型社会的重要途径。同时,应加大对职业技能人才培育政策的宣传力度,确保职业技能人员能够及时、准确地了解相关政策信息。传统的政策宣传方式往往存在诸多局限性,如目标不明确、传播渠道单一等,导致一线员工对政策的理解和把握不够全面、深入。因此,继续教育主管部门应紧跟时代步伐,充分利用新媒体等现代传播工具,拓展宣传渠道,创新宣传方式,增强宣传效果。通过广泛而深入的政策宣传,使职业技能人员对政策有更全面的掌握和更深刻的理解,从而帮助他们明确学习方向,充分利用政策资源支撑自身的学习和发展。

(二)增强管理技术应用效能

高校应当充分彰显现代化教育理念的力量,动态调整和优化职业技能人才培养体系,并将宽进严出的教育原则贯穿于继续教育转型的始终。加强职业技能继续教育的管理工作,不仅能够显著提升学生的学习体验,还能切实增强终身教育的实际效果,有效解决一线员工对继续教育认可度不高、配合度低的问题。在推动继续教育转型的进程中,高校应当着力减少行政化元素的过度干预,推动管理工作向更加自主、创新的方向转变。这要求管理主体必须增强法律意识和制度观念,严格按照终身教育政策的要求,对教育模式进行全面改革。尽管终身教育政策为继续教育的转型提供了宏观的方向性指导,但具体到各学校、各领域的要求仍需进一步细化和完善。因此,管理主体应当紧密结合本校及不同学院的教育实际需求,对政策进行深入细致的解读和精细化分析,确保政策能够真正落地实施。

高校应当大力增强自主创新意识,深入研究职业技能人才的培养理论,积极探索符合本校、本区域发展趋势的个性化人才培养方案。在当前高校继续教育同质化现象较为突出的背景下,明确终身教育政策的方向性要求,突出高校自身的办学特色显得尤为重要。高校应当紧密结合地区继续教育发展的实际困境,准确把握终身教育政策的方向性要求,积极探寻职业技能人才发展的新机遇。通过构建地区性的终身教育体系,为职业技能人才的成长和发展提供全面而有力的支持,从而有效弥补当前人才结构的不足,推动继续教育的全面转型与持续发展。

(三)发挥高校继续教育特色

为了进一步增强继续教育的实效性与针对性,高校应充分发挥自身优势与特色,建立起一体化的线上学习平台与服务体系。这一平台不仅能够为学生的沟通交流开辟顺畅的渠道与空间,还能够实现学习资源的集中整合与共享利用。在过去,由于缺乏共同的沟通交流平台与机制,许多学生在学习、培训过程中遇到问题却无法及时解决与反馈。同时,线上学习资料分散在不同平台与渠道,不利于教学资源的累积与教学交互性的增强。因此,高校应完善一体化服务平台的建设与运营机制,体现继续教育朝着信息化、网络化方向转型发展的新趋势与新要求。

在终身教育政策逐渐落实的背景下,信息化、一体化的服务平台能够全面记录学习主体的学习数据与轨迹,并发挥大数据系统的优势与作用,为教学提供更为精准、个性化的反馈与建议。学生在学习过程中可以利用信息化系统获得即时的学习反馈与评估结果,遇到学习或实践问题都可以在讨论区与业界专家、学者以及其他学生共同探讨与交流。教育主体则可以根据学生在平台中讨论的问题和反馈意见,及时了解学生的学习状况与需求变化,并据此调整教学计划与课程内容。这种灵活多样的教学模式充分体现了新时代继续教育的特色与优势,为高校继续教育的转型与发展注入了新的活力与动力。同时,高校还应积极寻求与教育主管部门的合作与支持,加强双方的交流与合作机制建设。通过研究政府的教育优惠政策与扶持措施,高校可以争取更多物质利益与资源支持,夯实继续教育信息化发展的物质基础。此外,高校还应高度重视信息化教育档案的管理与利用工作,完整保存学生的学习档案数据与记录信息,并不断提升数据安全意识与防范能力。在保证数据安全的前提下,深入研究学生学习数据应用的多种可能性与途径方法,为进一步优化人才培养体系提供现实依据与决策支持。

第三节　地方高校继续教育组织文化建设

组织文化是组织发展的核心动力,对于一个组织有着导向、规范、凝聚、激励等作用。如果没有组织文化,一个组织将会失去社会竞争力。作为一个组织,地方高校继续教育承担着继续教育的办学、管理等任务,承担着为国家经济建设输送人才的重任,用组织文化引领地方高校继续教育发展显得尤为重要。

一、地方高校继续教育组织文化建设的意义

地方高校继续教育作为高等教育体系的重要组成部分,其组织文化建设不仅关乎自身的内涵式发展,更对推动社会整体教育水平的提升具有不可忽视的作用。在这一背景下,深入探讨地方高校继续教育组织文化建设的意义显得尤为必要。

地方高校继续教育组织文化建设是继承与弘扬光荣传统及优秀文化的历史担当与必然选择。在漫长的发展历程中,地方高校继续教育积累了丰厚的文化底蕴和宝贵的实践经验。然而,这些文化元素往往散落于各个历史阶段和具体工作之中,缺乏系统的梳理与整合。通过组织文化建设,地方高校继续教育机构能够深入挖掘并系统呈现这些历史积淀中的文化精髓,延续那些在工作中形成的光荣传统。这一过程不仅是对过去的致敬,更是对未来的展望。在继承与发扬的基础上,结合当代社会的时代特征和发展需求,创新文化发展

路径,使传统文化与现代理念相融合,内化为每一位员工的价值追求和行为准则。这不仅有助于形成组织内部的共同价值观和利益诉求,还能激发全体干部员工的使命感和责任感,促使他们朝着共同的目标携手奋进。

地方高校继续教育组织文化建设是统一员工思想、凝聚发展共识的根本要求与内在动力。组织文化的核心在于"以人为本",它通过一种软性的管理方式,对组织成员产生深远的影响。优秀的组织文化能够充分挖掘和激发每一个成员的潜能和创造力,增强他们的归属感和认同感,成为组织内部团结的纽带和沟通的桥梁。随着地方高校继续教育业务的不断拓展和深化,新员工的大量涌入为组织带来了新鲜血液,但同时也带来了挑战。新员工,尤其是青年员工,由于入职时间较短,可能对组织的文化和价值观缺乏深入的了解和认同,导致对集体活动的参与度和关心程度不够。通过加强组织文化建设,地方高校继续教育可以引导青年员工深入了解并认同组织的文化理念,促进新老员工之间的交流与融合,从而统一员工思想,凝聚发展共识,为组织的持续健康发展提供坚实的思想保障和精神动力。

地方高校继续教育组织文化建设是规范员工言行、塑造良好社会形象的有效途径。随着高校继续教育规模的扩大和人员数量的增多,员工的言谈举止成为组织形象的重要窗口。员工的言行不仅代表着个人的素质修养,更直接反映着组织的文化风貌和管理水平。如果员工的言行不当,不仅会对组织造成直接的损害,还会严重影响组织的声誉和形象。因此,通过组织文化建设,地方高校继续教育可以明确文化要素,制定所有成员共同遵守的行为规范和准则。这些规范和准则不仅对员工的言行举止起到约束和引导作用,还能促进员工执行力的提升。一个具有协作精神和强大执行力的团队,是地方高校继续教育树立良好社会形象、提升办学质量的重要基石。通过组织文化建设,地方高校继续教育可以塑造出积极向上、团结奋进的组织形象,赢得社会的广泛认可和赞誉。

二、地方高校继续教育组织文化建设的原则

服务学校改革发展大局是地方高校继续教育组织文化建设的首要原则。继续教育作为学校办学体系的重要组成部分,其发展方向和办学质量直接影

响着学校的整体声誉和竞争力。因此,地方高校在继续教育组织文化建设过程中,应始终将服务学校改革发展大局作为核心导向。在"双一流"建设的大背景下,全国高校都在为提升办学水平和综合实力而努力。地方高校继续教育组织文化建设应紧跟这一时代步伐,通过引领继续教育的发展方向,促进不同形式教育之间的沟通与交流,实现教育资源的优化配置和共享。同时,我们还应积极融入学校整体发展规划,为学校的"双一流"建设提供有力支撑和服务,推动学校整体办学水平的持续提升。

立足地方高校继续教育业务发展实践是地方高校继续教育组织文化建设的基础原则。继续教育业务的发展是地方高校继续教育组织文化建设的实践基础,也是文化创新的源泉和动力。在文化建设过程中,地方高校应深入挖掘和梳理继续教育业务发展实践中的文化元素和优秀传统,将其作为文化建设的根基和底蕴。同时,我们还应密切关注继续教育业务的最新发展动态和市场需求变化,及时吸收和融入新的文化元素和理念,使组织文化始终保持与时俱进的活力和魅力。通过文化传承与创新相结合的方式,全方面充实和完善继续教育组织文化体系,为继续教育的可持续发展提供坚实的文化支撑。

形成特色知名文化品牌是地方高校继续教育组织文化建设的重要目标原则。地方高校继续教育组织文化应具有鲜明的特色和个性,以区别于其他高校和机构。在文化建设过程中,地方高校应充分发掘和整合自身的文化资源和优势,将其与其他优秀文化元素相融合,打造出具有独特魅力和影响力的文化品牌。这一文化品牌不仅应体现地方高校继续教育的办学理念和特色优势,还应具有较高的社会认可度和影响力,能够提升地方高校继续教育的知名度和美誉度。通过特色知名文化品牌的打造,地方高校继续教育可以更好地服务于社会需求和行业发展,推动继续教育的创新发展与转型升级。

三、地方高校继续教育组织文化建设的路径

为了构建系统、完善的文化体系,确保文化建设顺利落地,并营造浓厚的文化建设氛围,实现文化管理与员工组织的深度融合,地方高校需探索一条科学有效的组织文化建设路径,主要包括以下方面:

第一,设计理念系统、行为系统、形象系统三大文化系统。在地方高校继

续教育组织文化建设中,应注重对文化元素的系统梳理与整合,形成独具特色的文化体系。具体而言,在行为系统方面,需对现有的制度与规范进行全面梳理与修订,明确员工的行为准则,制定员工手册,以规范员工的行为表现。在理念系统方面,需进一步明晰文化建设的定位与目标,深入挖掘和提炼理念文化的关键要素,形成完整、系统的理念体系,为组织的发展提供精神指引。在形象系统方面,需统一和规范视觉形象识别系统,确保组织形象的一致性和辨识度,并拓展品牌形象传播的途径,提升组织的知名度和美誉度。

第二,强化文化建设体制机制建设。地方高校应成立专门的领导小组,负责文化建设的整体规划与协调推进。同时,明确文化建设归口管理部门和相关部门的职责分工,确定具体的工作岗位和职责,形成组织有力、督导到位、有序推进的工作机制。在文化建设过程中,我们应广泛收集文化元素,调动全体干部员工参与文化建设的积极性,充分听取他们的意见和建议。在组织文化初步形成后,应加强文化的培育与宣传,让文化内容成为大家的共识,确保文化真正落地生根,服务组织的发展。

第三,营造浓厚的文化建设氛围。地方高校应营造领导带头示范、中层积极推动、员工全员参与的浓厚氛围,让全体员工深刻认识到文化建设是整个组织的工作,而非某个部门或个人的责任。同时,我们应注重对文化史料的研读和文化传统的追寻,盘点文化家底,梳理文化传承的脉络,提炼文化精粹,铸造文化发展的灵魂。在此基础上,吸收近期组织文化发展的成果,注重文化的良性循环与创新发展,使组织文化始终保持生机与活力。

第四,着力构建文化管理体系,促进员工与组织深度融合,共谋发展、共享成果。地方高校应积极筹办文化建设研讨会,邀请业界权威人士来校进行专题讲座,深化对组织文化建设的认知、理解与探讨,激发文化创新活力,推动文化理念落地生根。同时,我们需以丰富多样的活动为载体,如发起文化元素创意征集、组织文化建设专题讨论、开展文化建设知识竞赛等,持续加大文化建设宣传力度,加强专题培训,提升全员参与度。此外,我们还应通过精心设置文化墙、励志标语墙、先进模范展示墙等方式,增强员工的文化认同和归属感,促使员工与组织紧密相连,共同构筑命运共同体,携手共创辉煌,共享发展硕果。

第四节　地方高校继续教育的供给侧改革

一、地方高校继续教育的供给侧改革需求

地方高校继续教育的供给侧改革需求包括以下方面(图4-3):

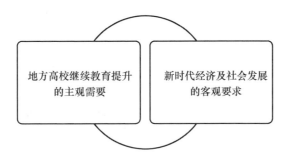

图4-3　地方高校继续教育的供给侧改革需求

(一)地方高校继续教育提升的主观需要

地方高校继续教育作为高等教育体系中一个不可或缺的组成部分,其发展的内在驱动力在于不断适应与引领社会需求的变化,而供给侧改革正是这一进程中提升自身发展效能的主观需求与战略选择。历经数十载的发展,地方高校继续教育曾主要依赖数量的迅速增长和规模的持续扩大作为其发展的核心动力。在特定的历史阶段,这种外延式的发展模式确实展现了显著的生产效益,为地方经济社会的进步培育了大量适用型人才。然而,随着教育市场的渐趋饱和以及社会需求结构的深度调整,该发展模式遭遇了发展的瓶颈期,生产效益的边际递减现象愈发明显,需求空间的扩展速率显著放缓,并且需求形态也呈现出多元化、个性化的新趋势。这种需求侧的新变化,无疑对地方高校继续教育的供需平衡状态构成了严峻的挑战。在供需两端出现失衡的情境下,供给侧未能及时且准确地对接需求侧的变化,从而导致了供过于求和产能过剩的问题愈发凸显。面对这一严峻的发展态势,地方高校继续教育若要实现可持续的发展路径,就必须转变其发展战略,将改革的着力点转向内涵式的

增长模式。而供给侧改革,作为驱动内涵式增长的关键路径,自然而然地成了地方高校继续教育改革的核心与重点。

在经济学的理论框架中,供给与需求既紧密相连又复杂交织。供给不仅能够催生需求,还能够拓宽需求的范畴和深化需求的内涵;同时,需求也对供给产生着反向的塑造作用,两者之间存在着相互依存、相互影响的动态平衡关系。将这一理论框架应用于地方高校继续教育的语境之中,供给侧同样蕴含着四大核心要素:劳动力要素(主要体现在教师队伍的素质与能力上)、土地要素(基础的教学设施、硬件资源及校园环境)、资本要素(包括学校的品牌声誉、社会认可度等无形资产)、创新要素(涵盖制度机制的创新、文化氛围的营造、教育观念的更新等多个维度)。这四大要素与供给侧的"动力机制"相互交织、相互作用,共同构筑了地方高校继续教育发展的坚实基石。然而,在地方高校继续教育的实际发展进程中,这四大要素并非孤立地存在,而是需要相互协调、共生共进。

依据木桶效应①,地方高校继续教育的整体供给效率取决于其供给要素中效率最低的那一环。当前,除土地要素相对充裕外,创新要素、资本要素和劳动力要素的发展水平均未能达到其应有的高度,难以有效满足需求侧日益多样化和个性化的需求。这种要素发展的不均衡性,直接导致了地方高校继续教育生产效率的下滑,也无力有效推动需求侧需求结构的变化与升级。因此,地方高校继续教育若要实现持续稳健的发展,就必须着力提升供给要素的整体质量。一方面,要继续发挥土地要素等硬件资源的基础性支撑作用;另一方面,更要高度重视创新要素、资本要素和劳动力要素的质量提升。

(二)新时代经济及社会发展的客观要求

地方高校继续教育的供给侧改革,是新时代经济社会发展背景下的客观要求。当前高校继续教育所面临的主要矛盾,已经转变为学习者对多元化、高层次学习需求的日益增长,与继续教育供给质量相对不足之间的突出矛盾。

---

① 木桶效应是指一只水桶能装多少水取决于它最短的那块木板。一只木桶想盛满水,必须所有木板都一样平齐且无破损,如果这只桶的木板中有一块不齐或者某块木板下面有破洞,这只桶就无法盛满水。任何组织,可能面临的一个共同问题,即构成组织的各个部分往往是优劣不齐的,而劣势部分往往决定组织的整体水平。

这一矛盾的显现,迫切要求地方高校继续教育紧跟时代步伐,汲取经济领域供给侧改革的宝贵经验,坚持质量与效率并重的核心理念,从供给侧入手,挖掘新的发展动力,推动继续教育各领域的协调发展与共同进步。

就经济学视角而言,经济增长的根源在于内生性力量,而外部因素仅起到推动作用,并非决定性因素。技术、知识等内生性生产要素,作为经济增长的核心引擎,其潜力的充分释放有赖于人力资本的高效配置。在新时代的背景下,人力资本的战略地位日益凸显,成为最为关键的生产要素之一。社会需求对人才的结构与素质提出了更高标准,从以往的规模扩张转向内涵与质量的双重提升,对知识型、技能型及创新型人才的需求愈发强烈。地方高校继续教育作为学历补偿教育的重要载体,同时承担着满足学习者个性化发展、技能提升及新知识学习需求的非学历培训职责,其独特的职能定位,使其在学习型社会的构建中发挥着至关重要的作用。作为培养高素质人才的重要途径,地方高校继续教育应积极响应新时代的召唤,深化改革创新,紧密围绕学习者的多元化需求,持续推进供给侧改革。

二、地方高校继续教育的供给侧改革思路

供给侧改革旨在解决产能过剩问题,并致力于提升供给的质量与效率,这一改革思维同样适用于高校继续教育领域,特别是地方高校继续教育。当前,地方高校继续教育面临着产能过剩、管理体制滞后以及创新力不足等挑战,这些问题严重制约了其发展与进步。因此,推进地方高校继续教育供给侧改革,既是新时代发展的客观要求,也是其自身发展的内在诉求。在此背景下,地方高校继续教育必须积极应对,通过去冗余产能、优化供给结构以及提升创新力等关键举措,推动其转型发展。这有助于不断提升地方高校继续教育的供给质量与效率,满足社会多样化的教育需求,进而促进其持续健康发展。地方高校继续教育的供给侧改革思路如下(图4-4):

(一)冗余产能管理思路

1.淘汰地方高校继续教育中的冗余产能

在地方高校继续教育的改革过程中,冗余产能的管理是改革议程中的核

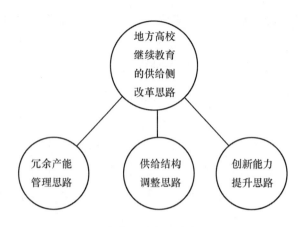

图4-4　地方高校继续教育的供给侧改革思路

心议题。针对提升整体产能效率的目标,有效削减并淘汰那些缺乏自我盈利能力的继续教育项目显得尤为关键。当前,地方高校继续教育体系中存在着一定数量的运营状况欠佳的办学项目,这些项目高度依赖政府或学校的财政支持以维持其基本运作,严重占用人力成本和办学资源。此类项目往往规模臃肿,产能过剩问题突出,供给效率低下,显然与新时代背景下地方高校继续教育供给侧改革所倡导的方向与原则相悖。持续扶持这类项目非但不能促进供给质量的提升,反而会导致宝贵教育资源的无谓消耗。因此,从发展的必然性和必要性出发,将这些项目逐步淘汰出市场是势在必行的举措。为了有效实施这一策略,地方高校继续教育供给侧改革需不断深化其评价体系建设,明确具体的评价基准,并定期对各高校继续教育的运行状态及供给成效进行全面评估。对于评估未达标的项目,应要求其限期整改;若整改后仍无法满足既定标准,教育管理部门应依法撤销其办学资格。同时,构建市场导向的退出机制显得尤为重要,通过减少对地方高校继续教育发展的直接干预,充分释放市场在资源配置中的决定性作用。在激烈的市场竞争环境中,那些生存效能低下、供给质量与效率不佳的项目将自然被淘汰,而能够适应市场需求、具备较强竞争力的项目则将脱颖而出,实现持续发展,其未来发展路径也将愈发清晰明确。这一过程不仅有助于优化地方高校继续教育的整体办学结构,还能推动其向更高质量、更高效率的发展阶段迈进。

2.转移地方高校继续教育中的冗余产能

在地方高校继续教育的改革与发展过程中要优化资源配置、提升教育供给效率,其中,转移一批冗余产能,并推动地方高校继续教育"走出去"是一种具有前瞻性和实践性的策略。作为国家教育体系中的重要组成部分,地方高校继续教育不仅承载着服务国内经济社会发展的重任,也肩负着促进教育国际交流与合作的使命。因此,推进高校继续教育国际化发展,不仅是有效转移冗余产能的关键路径,也是激发新的发展活力、拓展发展空间的重要手段。一方面,我国地方高校继续教育在产能供给上具备显著的技术、知识和规模优势。通过向海外推广我国继续教育的发展模式和成功经验,分享优质的教育资源,不仅可以有效促进地方高校继续教育冗余产能的国际化转移,还能培养更多高素质人才,实现教育合作的互利共赢。另一方面,在与其他国家的教育互动中,我国地方高校继续教育应充分发挥其差异化优势。通过加强与其他国家继续教育机构的交流与合作,将具有中国特色的课程、教学资源等通过课程国际化、资源共享等机制向海外输出。在此过程中,同时积极吸收和借鉴其他国家高校继续教育的先进理念和发展经验,为我国地方高校继续教育的供给侧改革注入新的活力,推动其实现更高质量的发展。

3.分流地方高校继续教育中的冗余产能

在地方高校继续教育的冗余产能管理中,可以实施分流策略,明确各校的发展方向与教育定位,推动分化发展。我国高等教育体系呈现出鲜明的学科差异化特征,各类高校在经济学、法学、理学、工学、教育学等领域各展所长,形成了独特的学科和专业优势。地方高校继续教育机构应当充分挖掘并利用这一优势,将各校在学科和专业上的相对优势作为指引其发展方向的重要基准。通过明确自身的发展定位,地方高校继续教育能够有效应对同质化发展过程中产生的产能过剩问题,实现与市场需求的有效对接。在此过程中,地方高校继续教育需要革新理念,摒弃追求大而全的发展模式,转而依据各校的办学特色和学科专长,塑造具有品牌特色的继续教育办学模式。这不仅能够提升各校的比较优势,还能拓宽其发展空间,有效避免同质化竞争和恶性竞争。在分流发展的基础上,地方高校继续教育还需深入洞察市场需求动态,不断调整和优化供给内容。依托现代信息技术手段,如大数据、云计算、互联网等,构建高校继续教育供需数据分析体系。通过对学习者需求的深度剖析,精准提供符合市场需求的教育产品,提高继续教育产品与学习者需求的匹配度,进而提升供给的质量和效率,有效规避资源浪费,促进地方高校继续教育的健康可持续发展。

(二)供给结构调整思路

1.转变地方高校继续教育重心

在我国高等教育普及化不断深化的背景下,地方高校继续教育在提升人力资源素质与技能水平方面的重要性日益凸显。面对新时代的发展要求,地方高校继续教育需积极调整其供给结构,实现战略重心的转移,即从传统的学历教育逐渐向非学历教育过渡,进而提升非学历培训在整个继续教育体系中的核心地位。非学历培训作为一个多元化的概念,涵盖了行业专门技术培训、企业服务外包培训以及个体学习者技能提升培训等多个层面,其中行业专门技术培训尤为关键。需要注意的是,职业技能培训一直是高校继续教育中的相对短板,这一领域传统上由职业院校及社会培训机构主导。然而,地方高校继续教育在加强非学历培训的过程中,完全具备向职业技能培训领域拓展的潜力和独特优势。地方高校继续教育拥有丰富的师资,不仅包括本校的专任教师,还广泛聘请了来自企业及行业的专家作为兼职教师。这些教师不仅具备扎实的理论基础,还拥有丰富的行业实践经验。因此,在地方高校继续教育供给侧改革的推进过程中,应充分发掘并利用这一师资优势,积极开展职业技能培训项目,以提高继续教育的供给质量和针对性。通过优化供给结构,地方高校继续教育将能够更加紧密地对接市场需求,为提升国民素质及技能水平、推动社会经济发展作出更加积极的贡献。

2.强化创新创业教育相关培训

随着我国迈入"大众创新、万众创业"的新发展阶段,创新已成为引领经济社会发展的核心动力。在此背景下,将庞大的人力资源转化为高素质的人力资本,强化创新创业教育显得尤为重要。地方高校继续教育在创新创业教育方面承载着重要使命,但长期以来存在供给不足的问题。因此,在供给侧改革的框架下,将创新创业教育培训作为核心着力点,对于培养更多具备高水平创新创业能力的人才具有战略意义。地方高校继续教育机构在创新创业教育中发挥着关键作用。一方面,通过精心设计的创新创业教育课程和实践项目,这些机构能够为社会培育出管理型、营销型、技术型等多类型的创新创业人才,满足市场多元化需求;另一方面,它们为来自不同行业背景的学习者提供了交流互动的平台,促进了创新思想的碰撞与融合,进一步提升了学习者的创新意识和实践能力。为了充分发挥地方高校继续教育在创新创业教育中的独特优势,决策者需具备前瞻性的创新思维,明确创新创业教育的发展方向和课程体系构建路径。同时,教师应不断提升自身的创新创业素养,紧跟领域前沿动态,为学习者提供富有实战经验的指导。此外,应加大创新创业课程的研发力度,结合各校的专业特色、学科优势及实践资源,推动创新创业教育的差异化、特色化发展,以满足不同学习者的个性化需求,为社会的创新创业事业贡献新的力量。

3.重视"美好生活"构建教育

在新时代,人民群众的美好生活需求是多方面的,其中教育是丰富其精神生活的重要载体,也是构建美好生活的基础。地方高校继续教育,作为终身教育体系的关键组成部分,承载着满足民众多样化教育需求、助力"美好生活"构建的重要使命。每个社会个体对美好生活的教育追求各具特色,既涵盖绘画、书法、法律等大众化课程,也涉及机器人、人工智能等小众领域。面对这一多元化需求,地方高校继续教育应全面响应,提供全方位的支持。相较于市场上以盈利为导向的社会教育机构,其课程往往收费高昂且内容缺乏系统性,地方高校继续教育作为准公共产品,凭借其普惠性和公益性,更适宜提供长期、系统的课程培训服务。尤其在小众课程领域,地方高校继续教育凭借其深厚的科研底蕴,展现出显著优势。通过充分挖掘和利用高校科研资源,地方高校继续教育能够向社会大众传递前沿科技知识,满足其对新兴领域的学习需求,进而促进个体全面发展,为构建更加丰富多彩的美好生活贡献力量。因此,地方高校继续教育应持续重视"美好生活"教育,不断优化供给结构,以满足人民群众日益增长的多元化教育需求。

（三）创新能力提升思路

1.地方高校继续教育资源共享创新

在全球教育资源共享的大潮中,教育全球化已成为时代发展的必然趋势。特别是在信息技术飞速发展的当下,优质的高校继续教育课程资源得以跨越国界,实现全球范围内的共享。因此,我国地方高校继续教育机构应敏锐把握这一历史机遇,积极拓展国际合作的广度与深度,制定具有前瞻性和可操作性的交流合作规划,以推动人才的国际化联合培养。同时加强师资的国际交流与合作,培养一批具有国际视野和开放理念的高素质教师队伍,通过人才的双向流动,既促进地方高校继续教育的国际化"输出",也吸引国际先进教育理念的"输入",实现国际间的双向互动与互利共赢。针对我国高校继续教育存在的区域发展不均衡问题,应强化区域间的资源整合与协同。利用现代信息技术手段,构建跨区域的继续教育资源共享平台,打破地域限制,推动区域、城乡继续教育资源的一体化进程。

2.地方高校继续教育学术研究创新

地方高校继续教育需致力于学术研究环境的创新,通过更新管理观念,减少对教师及科研人员学术研究的不必要限制,有效降低行政干预的负面影响,为教师营造更加宽松自由的学术研究氛围。同时,高校继续教育机构应强化服务支持,如设立专门团队负责科研项目申报、实施过程中的各项管理工作,为学术研究提供高效便捷的服务保障。地方高校继续教育应注重学术研究主体的多元化创新。学术研究不应仅限于教师群体,管理人员、服务人员以及学生等同样应成为学术研究的积极参与者。这些人员在日常工作中对继续教育存在的问题有着直观而深刻的认识,因此,应充分激发他们的学术研究热情,鼓励其结合工作实践开展研究,形成多元主体协同参与的学术研究新格局。此外,在学术研究内容方面,地方高校继续教育也需不断创新。供给侧改革作为地方高校继续教育的新兴研究领域,虽已产生诸多理论成果,但实践指导性强的研究仍显匮乏。这要求研究者必须突破传统理论研究的局限,加强实践验证和实证分析,运用新颖的研究方法和工具,深入探索地方高校继续教育供给侧改革的内在机理和实践路径。通过这些创新努力,为地方高校继续教育供给侧改革提供坚实的学术支撑,推动其不断迈向新的发展高度。

3.地方高校继续教育教学手段创新

在当今这个信息迅速发展的时代,地方高校继续教育正面临着数字化、信息化的必然趋势。为了适应这一变革,并在供给侧改革中取得实效,推进教学手段的创新显得尤为重要。地方高校继续教育需着力解决供需双方的信息不对称问题,高校继续教育机构应建立健全的数据库系统,通过大数据技术的运用,深入分析行业、企业以及学习者的实际需求,从而精准定位教学供给,提高供给侧改革的针对性和实效性。同时,针对那些对继续教育了解不足但有潜在学习需求的学习者,机构应加大宣传力度,利用互联网平台详细阐述报名流程和学习过程,降低信息获取门槛,吸引更多学习者参与。

为强化新技术在教学过程中的应用,地方高校应持续优化微课、MOOC等新型教学模式的学习体验,确保这些技术能够更高效地服务于继续教育。特别是针对成人学习者工学矛盾突出的特点,地方高校可开发专门的教育应用程序,实现在线教育与课堂教学的深度融合,为学习者提供更为灵活、便捷的学习路径,既满足其个性化的学习需求,又提高教学资源的利用效率。同时,地方高校必须重视提升教师运用新技术的能力。教师应主动投身于新技术的学习与研究,积极将新技术融入教学实践,不断探索创新教学方法。此外,教师还需密切关注学习者对新技术的接受度与反馈,据此及时调整和改进教学策略,以提升教与学的整体效率和质量。通过教师的持续努力与实践,地方高校继续教育的教学手段将得以不断创新与发展,为学习者提供更加优质、高效的教育服务。

三、地方高校继续教育的供给侧改革策略

(一)地方高校继续教育供给质量改革策略

对于地方高校继续教育而言,质量是其生存与发展的生命线。为了严格把控质量关口,优化教学方式,地方高校继续教育必须致力于打造精品课程与特色课程,提升继续教育工作者的专业化水平,并强化质量评估体系,以全面提高教育质量与效益。地方高校继续教育供给质量改革策略如下(图4-5):

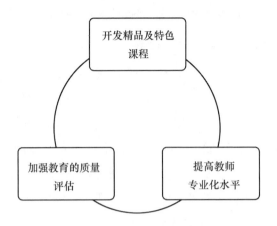

图 4-5　地方高校继续教育供给质量改革策略

1.开发精品及特色课程

开发精品及特色课程是推动地方高校继续教育供给质量改革的重要策略之一。精品课程不仅体现在课程内容的深度与广度上,更在于其教学设计的科学性、前沿性和实用性。这要求地方高校在课程设计过程中,充分调研市场需求,紧跟行业发展趋势,确保课程内容既能够覆盖基础知识,又能够融入最新科技成果和行业实践。同时,精品课程的建设还需注重教学方法的创新,采用案例教学、项目驱动、在线互动等多种教学模式,以激发学生的学习兴趣,提高其自主学习能力和问题解决能力。此外,精品课程的评估与反馈机制也至关重要,通过定期的课程评价和学生反馈,及时调整和优化课程内容,确保课程质量持续提升。

在开发精品课程的基础上,地方高校应注重特色课程的打造。特色课程是地方高校继续教育差异化竞争的重要体现,它不仅能够满足特定行业或领域的特殊需求,还能够彰显学校的教育特色和品牌优势。特色课程的开发需要地方高校深入挖掘自身资源,如师资力量、科研成果、地域文化等,将这些独特资源转化为教学资源,融入课程设计中。例如,结合地方经济发展特色,开设与之相关的专业技能培训课程;或者依托学校优势学科,开发具有学术前沿性的高级研修课程。特色课程的开发不仅能够提升地方高校的知名度和影响力,还能够增强其对外部资源的吸引力,促进校企合作、产学研结合,进一步拓宽继续教育的服务范围和发展空间。

为了实现精品及特色课程的有效开发,地方高校需要构建一套完善的课程开发与管理体系。这包括明确课程开发的目标与定位、制定科学的课程开发流程、建立严格的课程质量评估标准,以及形成持续的课程更新与维护机制。在这一过程中,地方高校应充分发挥教师团队的主体作用,鼓励教师积极参与课程开发,提高其课程设计和教学实施能力。同时,地方高校还应加强与行业企业、社会团体等外部机构的合作与交流,引入行业专家和实践经验丰富的从业者参与课程开发,确保课程内容与市场需求紧密衔接。此外,地方高校还应注重课程资源的数字化与信息化建设。随着信息技术的快速发展,数字化、网络化的教学资源已成为继续教育的重要支撑。地方高校应加大投入,建设高质量的在线课程平台,提供丰富多样的数字化教学资源,如视频教程、在线测试、虚拟实验室等,以满足学生随时随地学习的需求。同时,通过大数据分析等技术手段,对学生的学习行为和学习效果进行精准分析,为课程的个性化教学和持续优化提供数据支持。

2.提高教师专业化水平

构建一支稳定且兼具专兼职特色的继续教育师资队伍,是地方高校继续教育稳健发展的坚实基石。地方高校应将师资队伍建设视为继续教育发展的战略要点,通过加大财政投入、优化工作条件及提升待遇水平等综合措施,为教师营造一个更具吸引力的工作环境。这不仅能够有效吸引并留住优秀人才,还能够激发教师的工作热情,从而塑造一支高素质、结构合理的专兼职师资队伍。这支队伍凭借其深厚的专业积累和丰富的教学实践,为继续教育提供了坚实的人才基础与智力支持。

为了不断提升教师的专业素养和教学能力,地方高校应建立健全教师培训体系,这一体系应能够及时将最新的教育理念和教育模式传递给教师,引导他们从传统的知识传授者转变为学习者成长的伙伴和导航者。教师应以学习者为中心,与其建立紧密的互动关系,为学习者提供全面、细致的学习指导、辅导和支持。同时,高校应鼓励教师积极参与各类学习与交流活动,构建继续教育学习型教师团队,培养教师的终身学习理念,使他们在持续学习中不断提升自身的专业知识和能力水平。

在提高教师专业化水平的过程中,地方高校还应注重教师的职业发展和个人成长。通过为教师提供更多的学习机会和发展空间,鼓励他们参与科研项目、学术交流等活动,不断提升教师的专业素养和学术水平。同时,高校还应关注教师的心理健康和职业压力,为他们提供必要的心理支持和辅导,帮助教师保持良好的工作状态和积极的教学态度。

3.加强教育的质量评估

在地方高校继续教育的实践中,质量评估环节的薄弱已成为制约其发展的关键因素之一。因此,加强质量评估,构建科学、完善的质量评估体系,对于提升地方高校继续教育的整体质量具有至关重要的意义。地方高校应着眼于建立校、省、部三级继续教育年度质量评估制度,引入第三方评估机制,并借助信息化技术搭建评估反馈交流平台,以全面强化质量评估环节。

在加强质量评估的过程中,地方高校可以引入第三方评估机制,以提升评估客观性和公正性。地方高校应开通多种渠道,如院长信箱、投诉热线等,建设网上教学评价平台和网上投诉平台。这些平台的设立,为评价者提供了便捷、高效的表达意见和诉求的渠道,同时也使高校能够及时了解并改进继续教育质量,形成良性循环。此外,借助信息化技术建立评估反馈交流平台,是实现质量评估高效化和精准化的重要手段。这一平台的运用,不仅提高了评估的效率和准确性,还增强了评估的针对性和实效性。同时,授课老师也可以利用这一系统加强对学习者的考核和跟踪,通过数据分析结果深入了解学习者的学习时长、资源点击率等指标,从而更准确地把握学习者的学习需求和效果。基于这些数据分析结果,授课老师可以撰写详细的分析报告,深入剖析存在的问题,并提出切实可行的改进建议,以协助学习者更好地完成学习任务,提升学习效果。

在加强教育质量评估的过程中,地方高校还应注重评估结果的运用和反馈。评估结果不仅应作为改进教学和管理工作的重要依据,还应作为高校教师绩效考核、职称评定等方面的重要参考。通过建立完善的评估结果运用机制,可以进一步激发高校教师的工作积极性和创造力,推动地方高校继续教育质量的持续提升。此外,地方高校还应加强与社会的沟通和合作,共同推动地方高校继续教育质量评估体系的完善和发展。通过与社会各界建立广泛的联系和合作机制,高校可以及时了解社会对继续教育质量的需求和期望,不断调整和优化评估标准和指标体系。同时,高校还可以邀请社会各界代表参与评估过程,增强评估的开放性和包容性,提升评估的公信力和影响力。

(二)地方高校继续教育供给结构改革策略

优化供给结构是提升我国地方高校继续教育供给效率与推动其可持续发展的重要环节,地方高校在继续教育领域需着力于协调区域结构,优化层次结构,调整类型结构并完善专业体系。地方高校继续教育供给结构改革策略如下(图4-6):

优化人才培养层次结构

调整不同教育类型结构

完善多元专业结构体系

图4-6 地方高校继续教育供给结构改革策略

1.优化人才培养层次结构

地方高校继续教育需将优化人才培养层次结构,尤其是加强高层次人才培养,确立为核心发展战略,以应对社会对高端人才的迫切需求。在学历继续教育领域,地方高校应审时度势,适时调整成人专科、成人本科及在职研究生的比例结构。具体而言,应将成人本科教育作为发展的中坚力量,稳固其基础地位,并在此基础上,合理规划并适当增加研究生层次的比重。这一调整旨在拓宽学习者的学习领域,深化其学术造诣,从而满足社会对本科学历及以上层次人才的持续且日益增长的需求,进一步提升继续教育的学历层次和学术影响力。在非学历继续教育领域,地方高校应聚焦高层次、专业性人才的培养。众多高校已敏锐洞察到市场需求,成立了高层管理培训与发展中心,针对企业高级管理者精心设计并实施了一系列专业、高效的培训计划。这些培训项目旨在全面提升管理者的管理智慧、领导艺术、组织变革能力及问题解决能力，以精准对接企业对高端管理人才的迫切需求。同时，地方高校还积极拓展党员干部培训项目，针对各领域领导干部进行系统化、针对性的培训，旨在全面提升其管理能力和综合素质，为社会发展提供有力的人才支撑。

2.调整不同教育类型结构

地方高校在继续教育领域正面临着调整不同教育类型比重与结构的重大挑战，需对职能和作用相近的教育类型进行合理归并，剔除那些效益低下、质量堪忧的教育类型，同时明确各类继续教育之间的职责界限与分工协作，促进其融合共生与协同发展。在处理学历继续教育与非学历继续教育的关系上，地方高校需秉持均衡发展的原则。在稳固学历继续教育基础的同时，应加速非学历继续教育的拓展步伐。由于部分高校仍存在过度依赖单一学历继续教育模式或完全摒弃学历教育的现象，地方高校应依据政策导向及自身实际，灵活调整两类教育的结构比例。对于学历教育需求较弱的高校，可将非学历继续教育作为发展重心；而学历教育需求旺盛的高校，则应打破单一模式，实现学历与非学历教育的并重发展，从而提升继续教育的整体品质与层次。在学历教育层面，地方高校应着重提升文凭的认可度与价值，加强监督与管理，并借助信息化手段革新教学模式与内容。非学历继续教育则需紧密结合国家发展战略、贴合区域与产业发展需求，动态调整教育内容与形式，强化实践性、操作性与时效性，深化与企业的合作交流，开展多样化、多元化的培训项目，构建具有地域特色的继续教育服务体系。

3.完善多元专业结构体系

在继续教育专业设置上，地方高校需进行高瞻远瞩的顶层设计。教育部门应深入社会一线，广泛开展调研工作，全面洞悉继续教育学习者的学习需求及社会发展的实际诉求，对专业的开设进行严谨科学的统筹规划，优化专业结构布局，确保各专业之间能够实现无缝衔接与和谐共生。此过程需注重前瞻性与实用性的深度融合，确保专业设置既能紧跟时代发展的脉搏，又能精准满足学习者的多元化需求。地方高校应构建健全的继续教育专业评审机制，对高校继续教育的专业设置及结构优化进行全方位的管理与评估，制定切实可行的优化方案，并建立长效的工作机制，确保专业设置的精准度与科学性。地方高校应立足自身实际条件与能力,合理设置专业,应充分依托学校的师资力量、教学资源以及办学特色与优势,科学调控各专业之间的师生比例,调整不同专业的招生规模。在优先发展优势或主干专业的同时,对短线专业进行适时调整与优化,实现各专业间的优势互补与协同发展。通过这一系列举措的实施,地方高校将能够逐步完善其继续教育的专业结构体系,提升继续教育的整体质量与效益,更好地服务于社会进步与个人成长。

(三)地方高校继续教育体制机制改革策略

我国普通高校的继续教育由于文化传统、认识不足、管理模式僵硬等诸多因素影响,在内部管理体制中存在一些问题,这些问题也制约着高校继续教育的发展步伐。探讨普通高校继续教育管理体制改革的路径,有利于推动继续教育的发展。地方高校继续教育体制机制改革策略如下(图4-7):

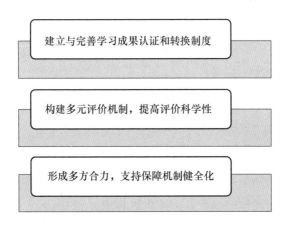

图4-7 地方高校继续教育体制机制改革策略

1.建立与完善学习成果认证和转换制度

学习成果是衡量继续教育成效的核心指标,其有效管理与认证转换机制的构建,对于打破学习形式间的壁垒、避免学习资源的重复浪费、提高教育供给效率具有不可估量的价值。因此,地方高校需要构建一套成熟且灵活的学习成果认证与转换体系,以确保学习成果能够在不同教育阶段、不同类型教育间实现有效积累、顺畅转换与广泛互认。

从宏观层面审视,地方高校继续教育领域亟须自上而下地推动资格框架体系与学分银行制度的构建与完善。地方高校可以制定一套统一、规范的学习成果认证标准,它不仅关系普通教育、职业教育与继续教育之间学分互认渠道的顺畅,更是实现学习成果跨形式、跨校际衔接转换的基石。为此,应成立专门的学习成果管理委员会,负责认证转换工作的宏观规划与政策导向;同时,根据学科门类与教育形式的特异性,设立相应的继续教育学习成果管理机构,通过制定细致入微的转换标准与操作规则,提升学习成果认证转换的社会认同度与公信力。

在地方层面,各省市应稳步推进学分银行制度的建设进程,为学习者提供学习经验的系统化存储、权威认证与便捷转换服务,并将这些信息详尽记录于个人学习档案之中。如此,学习者在未来的学习征途中,便能将既往学习经验有效转化为学分,从而避免重复学习,显著提升学习效率。此外,针对不同专业与学科领域,应制定既具灵活性又兼具科学性的学习成果转换标准,充分整合省内优质资源,搭建起省级层面的学习成果管理平台,为学习成果的广泛认可与高效转换提供坚实支撑。

2.构建多元评价机制,提高评价科学性

地方高校应着力打造一个动态且开放的评价体系,这一体系不仅应包含传统的内部自我评价,还应积极吸纳市场评价和社会评价的元素,充分激发多元评价主体的参与热情。政府相关部门、社会各界以及学习者群体均应被鼓励积极参与到地方高校继续教育的评价进程中,共同编织一张全方位、多层次的评价网络。

在评价方式的选择上,地方高校继续教育应实行分级分类的差异化评价策略。针对不同学科、专业及领域的学习者,应采用各具特色的评价方式和标准,以体现评价的针对性和精准性。应摒弃以往单一的"唯学历"评价导向,倡导"学历+能力"的双重评价模式,重点考察学习者的实践能力、创新思维、专业素养以及道德品质等多方面素养,以全面、多元的视角审视和评价学习者的学习成效。

为丰富评价手段,地方高校应积极探索适应成人学习者特点的评价方式,注重对学习过程的全面跟踪和评估。通过采用灵活多样的考核方式,如运用大数据技术定期分析学习者的学习轨迹,及时对学习效果进行反馈,助力教师和学习者共同识别不足,适时调整教学策略和学习计划。同时,我们应建立健全的学习档案制度,将学习者的出勤情况、课堂互动、学习总结、研究成果及考试表现等各个环节均纳入评价体系,既全面考察学习者的知识掌握和技能水平提升,又充分考虑学习者的年龄特征和学科差异,提升评价的准确性和科学性。

3.形成多方合力,支持保障机制健全化

地方高校继续教育的体制机制改革是一个系统工程,其保障机制的健全化需依赖多方力量的协同合作,共同构建政府主导、社会广泛参与、各部门紧密协作的支持保障网络。在法律保障层面,制度与法规是确保地方高校继续教育规范发展的基石。因此,我们应加速推进地方高校继续教育的立法工作,紧密结合其当前的发展实际与未来规划,对现有规章条例进行全面梳理与完善。通过立法明确各方权责,规范教育行为,为地方高校继续教育的有序发展提供坚实的法律支撑。

经费保障是地方高校继续教育持续发展的关键,因此,我们需完善经费投入机制,建立多元化、多渠道的筹资体系。政府应继续发挥主导作用,加大财政投入力度,同时鼓励地方高校通过自筹、社会捐赠等多种形式筹集资金。在经费使用过程中,应实行严格的监管制度,确保资金合理配置,提高使用效率,避免浪费。地方高校还应关注继续教育工作者的薪酬待遇,实施带薪休假制度,建立奖助学金体系,为经济困难的学习者提供援助,并严厉打击乱收费行为,维护教育公平。

在资源配备和环境保障方面,地方高校应致力于完善继续教育的硬件设施、学习资料、教材、课程资源以及师资队伍。特别是要加大信息技术的建设力度,搭建网络平台,实现资源的共建共享,促进教育信息化进程。同时,我们应加强舆论宣传,改变大众对继续教育的传统观念,提升社会对地方高校继续教育的认可度。通过优化教育环境,提高教育质量,激发学习者的参与热情,为地方高校继续教育的蓬勃发展创造有利条件。

第五章 地方高校继续教育的现代化创新

现代化创新,作为地方高校继续教育发展的必然趋势,不仅关乎教育技术的革新,更涉及教育理念、教学模式和人才培养体系的全面升级。本章细致剖析在线平台上的地方高校继续教育、地方高校继续教育的信息化建设、校企合作下的地方高校继续教育、数智化时代高校继续教育的发展,旨在探索地方高校继续教育现代化创新的新路径。

第一节 在线平台上的地方高校继续教育

一、数字化学习平台上的地方高校继续教育

(一)数字化学习网络平台的构建

在地方高校继续教育领域,数字化学习网络平台扮演着至关重要的角色,它作为数字化学习模式的基础设施,是运用网络技术进行精心设计与开发的数字化学习资源的展示载体,直观体现了数字化学习模式的核心理念。这一平台不仅为数字化学习模式的广泛推广与实际应用提供了持续的学习支持与服务,还极大地拓展了地方高校继续教育的边界。

地方高校所构建的继续教育数字化网络学习平台,集成了信息发布、理论宣传、在线学习课程以及学习成果展示等多重功能,这一平台的建立,不仅打破了传统学习方式的局限,将受教育群体扩展至以往难以覆盖的范围,还实现了各高校乃至全球顶尖学习资源的整合,极大地丰富了学习内容。同时,通过优化配置这些学习资源,地方高校能够确保学习者能够获取到最为优质、最为适宜的学习材料,从而提升继续教育的整体质量与效果。

（二）数字化学习资源平台的建设

学习资源的公平性一直是教育公平讨论中的核心议题,而数字化学习资源平台的建设则是促进学习资源公平的重要途径。对于地方高校而言,打造优质的数字化学习资源平台,不仅是提升教育质量的关键,也是实现教育公平的重要举措。

数字化学习资源在获取渠道上应体现出便捷性与高效性,同时,在资源的学术性与前沿性方面,也应力求与教育优质地区的教育资源保持同步。地方高校继续教育数字化学习的总体目标,是建立一套系统、完善的数字化学习资源体系。这一目标的实现,需要依托各龙头高校的引领作用,以及其他教育机构的辅助支持,共同形成一种长期有效、良性互动的开发模式。具体而言,地方高校继续教育的数字化学习资源可通过以下方式得以实现(图5-1):

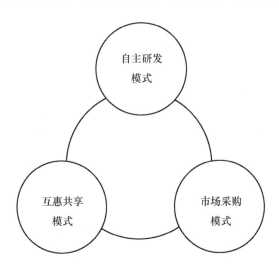

图5-1　数字化学习资源平台的建设

1.自主研发模式

地方高校的科研实力与校本教材研发能力,是衡量其教育实力的重要指标。依托高校自身的教育师资力量,进行有针对性的优质特色教材开发,并通过网络平台与数字技术,将这些教材转化为可在网络学习平台上获取的优质数字化学习资源。这种自主研发模式,不仅有助于提升地方高校的教研能力,还能够通过优质数字化学习资源的宣传与推广,提升高校的社会关注度与教育形象。

在自主研发过程中,地方高校应充分发挥自身的专业优势与特色,结合继续教育学习者的实际需求,开发出具有针对性、实用性的数字化学习资源。同时,我们还应注重资源的更新与维护,确保资源的时效性与前沿性。

2.市场采购模式

通过市场行为获取优质的学习资源,是地方高校丰富数字化学习资源库的有效途径。这包括购买名校、名企以及特殊专业、行业的案例 PPT、课程视频等。例如,在 MOOC 学习平台上,地方高校可以采购"常青藤"名校的优质公开课,以及国内顶尖学府的精品课程,从而满足学习者对高质量学习资源的需求。

在市场采购过程中,地方高校应严格把控资源的质量关,确保所采购的资源符合教学要求与学习者的实际需求。同时,我们还应注重资源的性价比,避免盲目追求高端资源而忽视实际教学效果。

3.互惠共享模式

互惠共享模式是一种基于双方各有所需的合作模式,它响应了共享经济的理念。地方高校可以将自身建设的优势课程共享给其他高校,同时获取合作高校的优势课程,从而实现学习资源的互补与共享。这种合作模式不仅有助于提高数字化学习资源的利用率,还能够实现学习资源之间的自由转换与公平获取。

在互惠共享过程中,地方高校应建立完善的合作机制与共享平台,确保资源的顺畅流通与高效利用。同时,我们还应注重保护知识产权与隐私安全,避免资源泄露与滥用现象的发生。

(三)数字化学习平台的管理策略

数字化学习平台的管理是地方高校继续教育工作中的重要环节,它不仅涉及数字化学习资源的管理,还包括整个平台的运营、维护与发展。这一任务需要既懂得信息技术又擅长管理的专业人才来承担。

地方高校继续教育学习平台上的资源种类繁多,除了学习资源外,还包括人力资源、校企合作资源以及信息资源等。为了充分发挥这些资源的作用,地方高校应建立合理的组织统筹机制,确保各类资源能够协同工作,共同为学习平台的受教育者提供优质服务。具体而言,地方高校可以设立专门的资源管理部门或团队,负责资源的整合、分配与调度工作;同时,我们还可以建立校企合作机制,引入外部优质资源,丰富平台的学习内容与形式。

此外,数字化学习平台的管理还涉及不同的学习参与者群体,包括各高校、受教育者单位以及政府和企事业单位等。由于继续教育面向的是社会大众,因此被管理对象涵盖了社会各行各业的从业者。这就要求地方高校在学习平台的管理上采取多元管理的策略,以满足不同学习者的需求与期望。

为了实现多元管理的目标,地方高校可以采取以下措施:一是建立灵活多样的学习模式与路径选择机制,以满足不同学习者的个性化需求;二是加强与各方的沟通与协作,共同推动学习平台的持续发展与完善;三是建立完善的评价与反馈机制,及时收集学习者的意见与建议,以便对平台的管理与服务进行持续改进与优化。

二、网络媒体平台上的地方高校继续教育

(一)网络媒体平台上地方高校继续教育的特点

在网络媒体平台的广泛影响下,地方高校继续教育展现出一系列鲜明的特点,这些特点不仅彰显了技术进步对教育领域的深刻改造,也为地方高校继续教育的优化与创新提供了新的契机。

第一,网络媒体技术的普及成为地方高校继续教育发展的重要基石。相较于传统教育模式,基于网络媒体平台的教育形式与计算机及相关媒体技术的快速普及紧密相连。地方高校继续教育依托网络媒体平台作为其核心载体和环境,得以更有效地推动自身变革,紧跟技术发展的步伐,从而促进教育内容与方法的优化与创新。信息化学习和移动学习的兴起,为地方高校继续教育提供了与时代技术发展同步的路径,使得教育资源的获取更加便捷,学习方式的灵活性显著增强。

第二,网络媒体平台上的地方高校继续教育呈现出高度共享的特征。这

一平台支持下的教育体系能够容纳更多信息,学生不仅能够获取教材中的基础知识点,还能接触更为丰富多样的优质学习资源。相较于其他教育方式,网络媒体平台在资源共享方面的优势尤为突出。这种资源的丰富性极大地降低了学习和讨论的难度,促进了学习者之间的交流与互动,为互助性学习创造了有利条件,有助于提升学习效果。

第三,网络媒体平台为地方高校继续教育提供了实时信息反馈的机制。在这一平台的支持下,教学者与学习者可以在不同时间和地点进行教学活动,通过网络这一新颖载体实现连接。教师可以将教学内容上传至网络,学生则依托网络进行自主学习。在此过程中,除了充分利用平台的双向传递技术外,教师还可以借助即时沟通工具,如电子邮件等,实现信息的实时反馈。这一机制不仅增强了教学的互动性,还为学生提供了及时解决问题的途径,从而为提高学习效率开辟了新的可能。

(二)网络媒体平台上地方高校继续教育的创新

网络媒体平台上地方高校继续教育的创新体现在以下方面(图5-2):

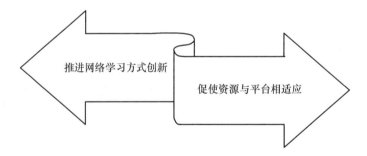

推进网络学习方式创新

促使资源与平台相适应

图5-2　网络媒体平台上地方高校继续教育的创新

1.推进网络学习方式创新

在信息化浪潮席卷全球的当下,网络媒体平台凭借其无可比拟的优势,为地方高校继续教育领域的革新开辟了前所未有的广阔空间。传统教育理念以教师为核心,遵循一种单向度的知识灌输模式,学生在此过程中主要扮演知识与方法被动接受者的角色。然而,随着网络媒体平台的广泛渗透与应用,这一传统模式的局限性日益凸显,教师与学习者的互动融合程度有所降低,学习者的自主网络课程学习活动在一定程度上削弱了教师的传统权威地位。尤为值得关注的是,网络媒体平台营造的新型教育环境,增加了教育者与学习者之间的物理隔离与心理距离感,致使学习者难以充分融入学习环境之中,这一挑战在学科知识体系复杂、专业研究深度增加的背景下显得尤为突出。因此,探索并实施一套与网络媒体平台特性相适配、具有多元化特征的学习方式,成了地方高校继续教育创新发展的核心要素。

继续教育作为一种旨在促进个体自我发展、公益性目标较为明确的教育形态,在融入网络媒体平台的过程中,需格外重视学习内容与学习者自我认同感的整合与协同。继续教育的学习者群体以在职人员为主体,他们面临着工作与学习之间的显著矛盾。网络媒体平台的涌现,为这一矛盾的缓解提供了新的契机,它不仅能够有效激发学习者的主观能动性,还进一步彰显了教育者的教学引导职能。特别是在线上线下相融合的教学策略框架下,网络平台成了教学改革持续创新的关键平台,这一变革对传统教学模式产生了根本性影响,教师不再是教学活动的唯一中心,学生的自主性得到了前所未有的提升。在此背景下,地方高校在继续教育领域,应展现出对网络媒体平台应用创新发展的前瞻视野与实践能力。

在学习方式的革新层面,地方高校需深入洞察混合式教学模式的潜在价值,并积极探寻其有效运用的路径。具体而言,高校应组建专业团队,负责研发高品质的课件资源,并确保这些资源能够精准、高效地上传至网络媒体平台。同时,高校继续教育的指导者应肩负起引导学生在网络平台开展有效学习的职责,实时跟踪学习进度,及时汇总、剖析学习难题,为学习者提供定制化的支持与反馈。

在课堂面授环节,继续教育教师应着力提升教学活动的趣味性与互动性,以适应网络环境下的教学新要求。通过运用多元化的教学方法与手段,激发学生的学习兴趣,促进师生之间的有效沟通与互动。此外,高校还应充分挖掘网络平台的优势,实时评估学生的表现,检测学习效果,为教学决策提供有力的数据支撑。在这一过程中,高校应构建完善的评价体系,确保评价结果的客观性与准确性,以便及时调整教学策略,优化教学效果。同时,高校还应加强对网络媒体平台的技术支持与维护,确保平台的稳定运行,为教学活动的顺利开展提供有力保障。

2.促使资源与平台相适应

随着网络媒体技术的广泛普及及其高度共享特性的日益凸显,地方高校在继续教育领域的实践迎来了前所未有的机遇,这些高校通过巧妙运用微课、视频平台等数字化工具,为广大学习者提供了丰富多样的优质教育资源。然而,要确保这些资源能够有效融入并最大化利用于网络平台之中,地方高校必须高度重视资源与平台的适配性问题,以保障教育流程的顺畅运行及教育成效的显著提升。

(1)地方高校应充分挖掘并发挥网络媒体平台在学习资源方面的固有优势,这既包括内容上的丰富性,也涵盖功能上的多样性。通过促进教育主体知识边界的拓宽,地方高校能够借助如中国知网、百度文库等大型在线数据库,为教育者与学习者搭建起便捷的资源获取桥梁。这种资源的广泛共享,不仅增强了教育内容的时效性和前沿性,还为学习效果的优化奠定了坚实的基础,使得地方高校继续教育的整体效能得以显著提升。

(2)为了培育学习者的创新思维和实践能力,地方高校有必要基于网络媒体平台构建多元化的学习社区。这类社区不仅能够促进新旧知识的深度融合,还能激发学习者的思考潜能,帮助他们突破原有的思维定式。具体而言,地方高校可从信息技术应用的角度出发,依据学科和专业的细分,打造一系列针对性强、互动性高的网络学习空间。这些空间不仅优化了学习者的理论学习环境,还为其提供了实践操作的模拟场景,从而在理论与实践两个层面为学习者能力的全面发展提供了有力支撑。

(3)地方高校继续教育机构及其教学实施主体,应致力于探索并实践线下现场教学与线上网络教学的深度融合策略,此举被视为优化资源配置与平台适配性的核心路径。鉴于学习者可能存在的惰性心理,地方高校有必要汲取国内外继续教育领域的成功范例,对网络教学模式实施动态调整与优化。通过拓展专业知识学习的深度与广度维度,并加强理性思辨能力的系统性训练,线上线下相融合的教学模式不仅为学习者开辟了更为宽广的学习视野,还提供了更为多元的学习资源。此模式在赋予学习者高度自主学习权限的同时,亦通过环境层面的适度约束机制,确保了学习成效的实效性,进而充分彰显了网络媒体平台在学习资源供给方面的独特优势。

在资源构建与课程开发的具体实践层面,地方高校需着重关注若干关键要素。首先,网络媒体平台的课程界面设计应秉持一致性原则,无论是字体尺寸的选定、版面布局的规划,还是工具栏、登录栏的功能设置,均需保持风格统一,以期最大限度提升用户的操作便捷性与体验感。其次,平台技术应用的稳定性是确保教育教学活动顺畅进行的基础保障,地方高校应建立健全的技术支持体系,确保在各个环节均能提供即时、高效的技术服务,力求达到"技术失误零发生、教学事故零出现"的理想状态。最后,网络媒体平台及其所支撑的课程技术体系必须置于一个安全可靠的网络环境之中,确保资源传输过程的迅速性与准确性,从而有效维护地方高校继续教育资源的完整性、可靠性与安全性。

三、MOOC 平台上的地方高校继续教育

随着信息技术的飞速进步,大型开放式在线课程(MOOC)作为一种新兴的在线教育模式,对地方高校继续教育领域产生了深远的影响,并为其带来了创新的思维方式。MOOC 凭借其独特的优势与功能,有效地加速了地方高校继续教育的发展步伐。在传统继续教育模式中,地方高校主要采用面对面的课堂教学方式。然而,MOOC 平台的出现为地方高校继续教育的实施提供了全新的路径选择。

MOOC 平台使学生能够充分利用碎片化时间,以更加自主和灵活的方式安排学习进程,从而保障了更多学生平等接受继续教育的机会。随着社会的不断进步和人们生活水平的日益提高,对继续教育的需求持续增长。在这一背景下,创新地方高校继续教育的实施路径显得尤为重要。MOOC 的兴起,不仅极大地丰富了地方高校继续教育的资源库,还拓展了其教育实施路径,为新时期我国继续教育的发展注入了新的活力。

(一)MOOC 平台的基本特性分析

MOOC,即大型开放式在线课程,是一种依托互联网而存在的教育方式。MOOC 平台汇聚了全球众多知名高校提供的丰富多样的课程资源,使学生能

够跨越地域限制,接触到世界范围内的优质学习资源。MOOC 的诞生是高等教育国际化发展趋势的必然结果,其核心理念体现了国际化的思维模式。通过开发大规模的线上教学平台,MOOC 实现了教育资源的有效整合与共享,有力推动了全球网络教育的发展。MOOC 平台具备以下特性:

1.系统化的教学平台构建

MOOC 平台为学生提供了系统化的课程体系,这一体系涵盖了预习材料、授课内容、复习资料和作业练习等各个环节。这种系统化的设计确保了学习的完整性和连贯性,使学生能够按照既定的学习路径逐步深入,形成完整的知识体系。

2.开放式的教育平台模式

MOOC 突破了时间、地点和人数等客观因素的限制,通过网络进行广泛传播。这种开放式的教育模式使得更多学生能够享受来自世界各地的优质学习资源,实现了教育的普及化和民主化。无论身处何地,只要有网络连接,学生就能随时随地进行学习。

3.大规模的教育平台资源

MOOC 平台上的课程数量众多,学习资源丰富,参与学习的人数多。这种大规模的教育平台营造了一种良好的线上学习氛围,增强了学习过程中的互动性。学生可以在平台上与其他学习者进行交流、讨论,共同分享学习心得和体会。

4.创造性的学习平台环境

MOOC 平台虽然提供了大量的课程资源,但在学习初期,学生往往只能获得启发性的学习资源。这种设计旨在激发学生的学习积极性和创造力,通过后续的讨论、思考和探究,学生能够深入挖掘知识内涵,进行深度学习。这种创造性的学习环境有助于培养学生的批判性思维和创新能力。

(二)MOOC 平台在地方高校继续教育中的优势

基于 MOOC 平台的自身特性,其在地方高校继续教育中展现出了显著的优势,深受教师和学生的喜爱。

1.提供开放式免费课程资源

MOOC 平台的门槛相对较低,学生只需通过简单的注册程序即可成为平台的参与者,并全程免费享受学习资源。这一特性降低了继续教育的成本,提高了教育的普及性。若学生希望获得相应的证书,只需在考试时缴纳一定的费用即可。这种免费的课程资源使得更多学生能够有机会接受高质量的继续教育。

2.以学生为中心的课程设计理念

MOOC 平台上的课程均根据学生的学习需求而精心设计,充分尊重了学生的学习习惯和兴趣导向。这种以学生为中心的课程设计理念使得学生在学习过程中能够自主安排学习时间和地点,不受传统教育模式的束缚。学生可以根据自己的实际情况和学习进度来安排学习计划,从而更加积极主动地投入学习。

3.信息化教学技术的充分应用与融合

MOOC 平台在教学设计、授课过程和资源整合等方面均融入了先进的信息化教学技术。例如,大数据的统计、汇总和跟踪技术等被广泛应用于 MOOC 平台中。这些技术的应用优化了教学资源,提高了教学效率。同时,它们还能够根据学生的学习情况和反馈数据进行实时调整和优化,以更符合新时期学生的学习需求。这种信息化教学技术的充分应用激发了学生的学习兴趣和动力,提高了学习效果。

4.促进高校间的学术交流与合作

MOOC 平台汇聚了来自不同学校和教师的课程资源,无形中搭建了一个广阔的学术交流平台。教师可以通过 MOOC 平台上的课程了解国内外学术界的最新动态和研究成果,从中汲取灵感和能量。这种学术交流与合作机制有效促进了地方高校之间的学术交流与合作,提升了地方高校的学术影响力和竞争力。通过 MOOC 平台,教师可以与其他高校的教师进行互动、交流,共同探讨学术问题,推动学术研究的深入发展。

综上所述,MOOC 平台在地方高校继续教育中的应用与发展具有显著的优势和深远的意义。它不仅丰富了教育资源、拓宽了教育路径,还提高了教育的普及性和质量。MOOC平台的出现为地方高校继续教育提供了新的发展机遇和挑战。未来,地方高校应继续深入探索MOOC与继续教育的融合路径,积极创新"继续教育+"的多元化模式。地方高校可以通过优化MOOC的设计和开发、加强师资队伍建设、完善学习支持服务等方式来进一步提升MOOC在继续教育中的应用效果。同时,地方高校还应积极与其他高校、企业等机构进行合作,共同推动MOOC平台的建设和发展。通过不断努力和创新,地方高校可以为人们创造更加规范、优质的学习条件,让越来越多的人通过继续教育实现个人价值和社会贡献的双重提升。这将有助于推动我国继续教育的持续发展和进步,为构建学习型社会贡献力量。

第二节　地方高校继续教育的信息化建设

近年来,众多地方高校已着手推进继续教育的信息化建设进程。然而,随着"互联网+"时代的深入发展,人类社会的生产模式、生活方式以及学习方式均有了新的变革。这些变革无疑为地方高校的继续教育信息化工作带来了诸多新的挑战与要求。在此背景下,深入剖析地方高校继续教育信息化建设中存在的问题,积极探索其建设方案及具体实施对策,显得尤为必要。这不仅能为地方高校继续教育信息化建设提供有益的思路,还能为其实际操作提供切实可行的方法,从而推动地方高校继续教育信息化水平的全面提升。

一、地方高校继续教育信息化建设的模式解读

(一)移动微型学习模式

在移动互联网技术的飞速进步之下,移动网络连接已成为个体社交互动、娱乐休闲不可或缺的关键途径。此背景下,一种依托于手机等便携式移动设备,随时随地检索、获取、存储、创造及分享碎片化知识的学习行为模式逐渐兴起,此模式蕴含娱乐元素,促使学习者维持一种轻松愉悦的心理状态。此类运用无线通信网络技术和无线移动通信装置,于任何时间、任何地点获取与学习相关联的信息、资源及服务的活动,在学术领域被界定为移动学习。

近年来,移动微型学习作为一种新兴的非正式学习范式,在学习与培训领域引发了广泛的学术关注与探讨。它不仅对传统的学习理念产生了深刻变革与颠覆,更成为终身学习体系中一个至关重要的新兴组成部分。移动微型学习,亦简称为"微型学习"或"微型移动学习",主要依托无线通信网络技术和移动通信设备进行碎片化的学习活动实践。作为一种根植于新媒介生态系统之中的新型学习形态,微型学习以微型内容和微型媒体为基础,其学习过程源自与微型内容的互动,这种互动在新兴的微型内容架构中得以展开。

在移动学习的实践过程中,学习资源、学习时间以及学习媒介等核心要素均展现出显著的"微"化特征,而手机移动学习更是被视为新媒介时代背景下微型学习的主导表现形式。当前,在高校的继续教育领域,微信公众平台、微博、QQ等已在教务管理、教学管理以及学生组织管理等多个方面得到了广泛运用,并且赢得了师生群体的普遍认可与欢迎。这一现状为移动微型学习在继续教育课堂教学中的应用奠定了坚实而有力的基础。

1.移动微型学习模式的设计原则

在地方高校继续教育的语境下,移动微型学习模式的构建需遵循一系列严谨的设计原则,以确保其既具备有效性,又具备可行性。这些原则不仅指导着模式开发的方向,还决定了其能否在实际应用中发挥预期的作用。

(1)可操作性原则。可操作性原则强调,在充分认知移动微型学习作为非正式学习形式的重要地位及其日益增长的重要性的同时,必须明确其与传统正式学习的区别与互补关系。移动微型学习虽为正式学习的重要补充,但并非其替代品,尤其不适用于系统、全面的知识体系构建。因此,在设计过程中,我们应追求低成本、易实施、见效迅速的目标。具体而言,我们应避免将移动微型学习平台的开发视为传统信息化项目的翻版,投入巨额人力和经费;同时,我们也不宜采用类似网络课程开发的模式,逐一开发微型课程。高投入、实施难度大、见效慢的模式往往令地方高校及企业望而生畏,从而阻碍移动微型学习的广泛推广与深入应用。

为实现可操作性原则,设计者需注重技术的实用性与易用性,选择成熟、稳定的技术方案,降低开发成本和技术门槛。同时,我们应充分考虑学习者的实际需求和使用习惯,确保移动微型学习模式能够真正融入学习者的日常生活和工作之中,成为其获取知识和技能的有效途径。

(2)易交互性原则。移动微型学习的核心优势在于其快速响应和即时满足学习者信息获取与反馈需求的能力。相较于传统网络远程教育学习平台在互动答疑功能上的不足,移动微型学习模式应采用更为高效的"多对多"交互模式。在此模式下,每个人既是知识的传播者,也是知识的接受者,师生之间的界限变得模糊,互动更加频繁和深入。

易交互性原则的实现要求设计者注重学习平台的互动性和社交性,提供多样化的交互工具和社交功能,如在线讨论、即时通信、资源共享等。这些功能不仅能够促进学习者之间的交流与合作,还能够激发学习者的学习兴趣和积极性,提高其学习效率和效果。同时,设计者还应关注学习平台的用户友好性和易用性,确保学习者能够轻松上手并快速融入学习社区之中。

2.移动微型学习模式的构建思路

(1)新生代学生特征与学习需求分析

在当今教育领域的多元化发展中,新生代学生作为地方高校继续教育的重要组成部分,其特性与学习需求的分析显得尤为重要。

第一,新生代学生的性格特质及潜在影响。新生代学生,作为一个具有鲜明时代烙印的群体,其性格特征呈现出多样化趋势,可依据其成长背景细分为若干典型类别。城市环境下的新生代学生,其核心价值观倾向于追求快乐与自我价值的实现,他们高度重视个人情感的满足与社会地位的彰显,这反映了现代都市文化对个人主义与自我表达的强调。相比之下,来自农村知识阶层的新生代学生,则深信知识是改变命运的关键,他们对通过学习改善生活抱有坚定信念,这种信念体系深深根植于农村社会对教育的传统重视之中。此外,进城务工的新生代学生群体,他们怀揣着融入城市、成为新市民的渴望,对城市化进程中的身份认同与社会融入表现出强烈的需求,这体现了他们在城乡转型背景下的特殊心理状态。

第二,新生代学生的学习需求及面临的挑战。新生代学生在手机上网方面表现出极高的黏性,他们对"消费文化"与"娱乐文化"表现出浓厚的兴趣。当前的移动微型学习资源中,以休闲娱乐为主的课程内容,如轻松百科、生活保健、文化涵养等,更受新生代学生的青睐。相比之下,职业技能、学历教育、家庭理财等方面的学习资源则相对受冷落。这一现象的形成原因复杂多样。首先,教学部门在认知层面存在偏差,往往将移动微型学习简单地视为网络远程教育的延伸,从而忽视了其即时性、碎片化、趣味性的独特优势。相反,他们过分放大了移动微型学习在屏幕大小、操作便捷性、课程资源丰富度、制作难度、网速及资费等方面的劣势。这种认知偏差导致了移动微型学习资源在开发与应用上的局限性。移动微型学习(作为非正式学习的一种形式)与新生代学生继续教育(传统正式学习)之间的互补机制尚未建立健全。地方高校与企业之间在协同推进移动微型学习方面缺乏足够的意识与行动,这限制了移动微型学习在教育教学中的广泛应用。目前,移动微型学习以自发性学习为主,其性质更偏向于休闲娱乐,而非系统性的知识学习。

为了更有效地满足新生代学生的学习需求,地方高校需采取一系列措施。首先,加强与企业的合作,共同开发适合新生代学生特点的移动微型学习资源。这要求地方高校与企业建立紧密的合作关系,共同投入资源,进行课程内容的研发与创新。其次,优化教学设计,提高教学内容的趣味性和实用性。通过采用生动有趣的教学方式,结合实际应用场景,可以激发新生代学生的学习兴趣和积极性。最后,地方高校还应加强对移动微型学习模式的研究和探索,不断完善其在教学中的应用策略。这包括对移动微型学习资源的评估、教学方法的创新以及学习效果的监测等方面。

(2)移动微型学习的教学设计

第一,通过腾讯 QQ 开展微型教学。学生只需要加入跟自己学习相关的QQ 群,就可以随时随地在群里发布各种资料参与各种讨论,对于群管理者(高校和企业人力资源部)而言,共同组成教学管理部门,负责相关教务教学信息、学习资料的发布与管理。

第二,通过微博、微信等打造信息交互平台。通过微博、微信等新媒体进行教学信息广播的收听、转播等,便于学生即时分享信息,实现教师主导下的学生自主探究学习,教师通过在微博或微信上发布作业信息,学生进行转发回复、讨论等,以此辅助继续教育传统教学模式。由于微博、微信发布的内容短小精悍、操作简单多样、传播快速、富有趣味性,有利于企业新生代员工更多、更快地获取知识与信息,有利于与其他学习者进行互动交流,形成稳定的成人学习共同体,增强个人的信息素养。

(3)移动微型学习平台的建设

在充分考虑移动微型学习平台的建设原则后,移动微型学习研究重心应该从"技术"回归到"学习"上,通过应用研究、实践研究,落实移动学习效果已成为继续教育领域移动微型学习的合适选择。我们应该积极利用现有微博、微信、腾讯QQ等平台进行微型学习实践探索,整合现有的移动微型学习平台与工具。基于QQ空间、微博等平台,构建移动微型学习平台是一个可行、易行的解决方案。

(4)移动微型学习的教学评价

移动微型学习的教学评价,可以采用QQ空间,打造学生的个人电子学习档案。QQ空间支持主页、说说、日志、音乐盒、相册、个人档案个人中心、分享、好友秀、投票等功能。在移动微型学习过程中,QQ空间可以很好地实现作品上传展示、自我评价、学生互评、教师评价等信息,可以作为学生的电子档案袋,用来记录学生继续教育学习过程中的学生个人履历、作业作品、评价信息、学习过程记录及个人反思等。

(二)翻转课堂教学模式

随着互联网的迅猛发展,数亿用户接入这一全球最为庞大且充满活力的数字社区。在网民所使用的上网设备中,手机占据了极高的使用率,成为主要的接入工具。手机在电子商务、休闲娱乐、信息获取、交通沟通等各类应用中的使用率均呈现出快速增长的趋势,这一趋势不仅推动了移动互联网的普及,也极大地促进了整体互联网各类应用的发展。在此背景下,翻转课堂教学模式作为一种新兴的学习方式,在教育领域被人们关注。特别是在地方高校面向成人的继续教育领域,这一模式的应用尤为显著。当前,地方高校继续教育多采用"集中面授+网络助学"的混合教学模式,这一模式已初具翻转课堂的雏形。地方高校继续教育的对象以80后、90后为主,这一群体具有明显的"网络原住民"特征,智能手机、iPad等移动设备已成为他们生活中不可或缺的一部分,也是其重要的学习工具。移动微型学习的快速发展,为地方高校继续教育采用翻转课堂教学模式提供了可能。

翻转课堂,作为一种"先学后教""以学定教"的新型教学模式,其核心在于打破并重组传统的课堂教学程序,实现教学实践的创新。翻转课堂的核心意义在于赋权于学习者,通过技术的辅助,满足学习者多样化的学习需求,进而实现个性化学习。其主要特征体现在以下方面:首先,在教学流程上,翻转课堂实现了逆序创新。它颠覆了传统的"知识传授+知识内化"的教学流程。在传统的教学组织模式下,学生的学习过程是一次性的,无法重复学习,且在遇到难题时难以及时得到解答。而翻转课堂则将知识传授的过程移至课下,学生可以根据自身需求把控整个学习过程,实现按需自主学习。课堂时间则主要用于知识的内化和问题的解决,教师可以设计丰富多样的教学活动,引导学生进行深入学习。其次,翻转课堂对师生角色进行了重新定义。在传统课堂中,教师是知识的拥有者和传播者,学生则处于被动接受知识的地位。而在翻转课堂中,学生由边缘走向中心,成为学习活动的主体。教师则转变为学生学习的指导者、学习资源的提供者以及学习活动的组织者。在课前自学阶段,学生可以自主安排学习进程,实现自定步调的学习。教师则需为学生提供全程的支持服务,确保学生能够顺利完成课前学习任务。这一转变真正体现了建构主义理论所倡导的"教师为主导、学生为主体"的双主教学模式。最后,翻转课堂强调教学资源的一体化设计。在翻转课堂中,教学资源不仅承载着知识内容,还承担着活动组织的功能。这要求教师在进行教学设计时,要从整体出发,对线上、线下的学习资源进行统一规划和设计,有效避免资源的重复建设。同时,我们还要让资源承担一部分教学活动组织的功能,通过学习资源的交互式设计,引导学生进行有效学习。这种一体化设计的教学资源,不仅提高了资源的利用率,也提升了学生的学习效果。

地方高校在继续教育领域采用翻转课堂教学模式,已成为教学改革的一个新的发展趋势。信息技术的快速发展为翻转课堂教学模式的实施提供了有力支持。在翻转课堂教学模式下,学生可以在家或课外时间观看教师制作的教学视频,完成课程内容的初步学习。在课堂上,师生、生生之间可以进行学习问题的分享和心得交流,进而深入理解和掌握课程内容。课程结束后,学生还可以通过这些教学视频进行巩固和复习,加深对所学知识的理解。

1.翻转课堂教学模式的引入

在当今消费时代,教育培训已逐渐商品化,地方高校继续教育学生面临着丰富多样的学习选择,包括成人高等教育、高等教育、自学考试等多种形式。这些教育服务不仅提供了广泛的学习机会,还赋予了学生更多的选择权。随着教育市场竞争的加剧以及学生学习需求的多样化,地方高校继续教育教学模式面临着前所未有的挑战与机遇。

(1)地方高校继续教育学生的微型学习需求与翻转课堂的契合

地方高校继续教育的学生群体具有特殊性,他们往往是在职员工等,因此,他们的学习需求呈现出微型化、碎片化的特点。这类学生更倾向于选择那些具有趣味性、强实用性且方便易学的微型学习资源。例如,安全教育、语言培训、技能培训、学历教育、人际沟通、金融理财、健康保健、子女教育等方面的资源,这些微型学习资源因其贴近生活实际、易于掌握而备受学生青睐。在这种"消费文化""快餐文化"和"娱乐文化"的影响下,学习已经演变成了一种文化消费与生产相结合的活动。同时,地方高校继续教育的学生对学习方式也提出了更高要求。他们希望学习形式更加灵活便捷,能够不脱产学习,收效快且学费合理。这不仅适用于流动性大的在职员工,也适合工作条件特殊或有家庭负担的职工。这一需求与新媒体技术的快速发展不谋而合,基于移动微型学习平台的翻转课堂教学模式应运而生,为地方高校继续教育学生的微型学习需求提供了有效解决方案。

翻转课堂教学模式通过课前自学和课堂内化两个环节,实现了学习时间的灵活安排和学习内容的个性化选择。学生可以在课前通过移动设备自主学习网络课程,而在课堂上则主要进行问题解答、讨论探究等深层次的学习活动。这种教学模式不仅满足了学生碎片化学习的需求,还提高了学习的针对性和实效性。

(2)地方高校继续教育教学模式的创新需求与翻转课堂的引入

地方高校开展的继续教育主要面向成人高中毕业后和大学毕业后的各种形式和类型的学历和非学历继续教育。学历继续教育以成人高等教育为主,包括非脱产等教育形式;非学历继续教育则涵盖研究生课程进修班、自考助学班、普通预科生班、进修及各种社会培训等。然而,随着远程教育的快速发展,地方高校继续教育的办学模式和教学模式面临着严峻挑战。

远程教育在中国的发展经历了三代变迁：从最初的函授教育，到20世纪80年代兴起的广播电视教育，再到20世纪90年代以来随着信息和网络技术发展而兴起的现代远程教育。尽管部分地方高校已经构建了网络教学平台，并开展了继续教育网络助学的探索，但现有教学模式并未发生本质变化。这种网络助学模式往往只是传统课堂的简单"搬迁"，将教师的授课视频、课件、习题资源放到互联网上，学生独立自主学习，而面授环节中的师生和生生面对面交流学习时间大幅减少甚至完全取消。这种教学模式虽然在一定程度上缓解了工学矛盾，但也存在明显不足。一方面，开发的网络课程资源往往不适合学生碎片化学习；另一方面，学习过程中缺乏有效互动和教师引导，导致教学效果不佳。因此，地方高校必须适应学习生态媒介的发展变化，及时引入新的教育技术，促进教学改革和创新。

翻转课堂教学模式作为一种新兴的教学模式，与地方高校继续教育现有教学模式存在相通之处，但同时也具有显著优势。地方高校继续教育现有教学模式通常包括知识传授和知识内化两个阶段，其中知识传授主要通过教师在课堂中的讲授完成，而知识内化则需要学生在课下自学完成。然而，这种教学模式存在考核标准较低、学生知识内化效果较差等问题。

相比之下，翻转课堂教学模式将知识传授环节移至课前，由学生借助网络教学自学完成；而知识内化环节则在课堂中通过教师的帮助和同学的协助完成。这种教学模式不仅增强了学生的自主学习能力，还注重课堂中的互动和探究，有助于提高学生的学习效果和综合素质。具体而言，地方高校继续教育现有教学模式与翻转课堂教学模式在以下方面具有相通之处：首先，两者都要求学生具备自主学习能力，但学习媒介和学习资源有所不同；其次，两者都存在面授环节，但面授环节的教学目标和方法存在差异；最后，翻转课堂强调网上互动环节的重要性，而地方高校继续教育现有教学模式中网上互动环节相对较少。

由此可见，地方高校继续教育现有教学模式已经具备了翻转课堂的"雏形"，将翻转课堂引入继续教育领域不仅是可行的，而且是值得尝试的。通过引入翻转课堂教学模式，地方高校可以进一步创新继续教育教学模式，提高教学效果和学生的学习满意度。

（3）地方高校继续教育教学模式与翻转课堂的深度融合

为了实现地方高校继续教育教学模式与翻转课堂的深度融合，需要从多个方面入手。首先，地方高校需要加强对翻转课堂教学模式的研究和探索，结合自身实际情况和学生需求，制定切实可行的实施方案。其次，地方高校需要加强对教师的培训和支持，提高教师的信息技术应用能力和翻转课堂教学能力。同时，地方高校还需要建立完善的评价机制和反馈机制，对翻转课堂教学效果进行定期评估和反馈，及时调整和优化教学方案。

在具体实施过程中，地方高校可以采取以下措施：一是构建完善的网络教学平台，提供丰富多样的网络课程资源和学习工具；二是制订合理的教学计划和课程安排，确保学生能够充分利用课余时间进行自主学习；三是加强课堂中的互动和探究环节，鼓励学生积极参与讨论和合作学习；四是建立完善的考核和评价体系，对学生的学习成果进行全面、客观的评价。

2.翻转课堂教学模式的设计

（1）构建移动微型学习交流平台

开展地方高校继续教育翻转课堂教学，必须构建网络助学平台，建设一定数量的网络精品课程。目前，一些高校已经构建了网络教学平台，但是这种教学平台多数属于以知识传递为目标的学习平台，地方高校仅仅是把传统课程教学内容搬到互联网上，视频资源一般每集 30~40 分钟，冗长且精品化不足，知识点也没有详细划分，同时，现有的网络学习平台内容显示技术对学生利用手机等移动终端学习支持性较差，不利于学生利用零散时间学习。如果重新开发移动学习平台和手机软件，那么，不仅增加研发成本和技术难度，而且也会造成现有学习平台的冗余。移动微型学习应该从"技术"回归"学习"，重视现有平台及资源的整合，共建共享，使开展翻转课堂教学模式变得简单、易行、有效。

地方高校可以基于微信公众平台构建面向继续教育的移动微型学习平台。地方高校继续教育学生可以手机微信作为学习软件登录到微信公众平台，利用第三方客服平台可以实现对微信公众平台接口的二次开发，通过第三方客服平台，配置机器人的自动问答列表信息，加入微型学习资源平台的网址链接,就可以实现学生与微型学习资源平台的内容交互,学生就可以开展课堂学习和习题练习了。微型学习资源平台实质是一个独立的 B/S 三层体系架构的网络学习与管理平台,功能和传统的网络教学平台基本类似,含有学生基本信息查询教学视频学习、习题练习、成绩查询、教学评价等多个功能模块。所以,目前高校在用的网络教学平台可以替代该平台,但是内容显示页面需要做一定的完善修改,以便于利用手机等移动设备观看。同时,第三方客服平台提供的丰富教育学习、休闲娱乐、生活服务等功能模块,可以作为微型学习资源平台的一部分,学生可以直接使用其资源。选用微信作为移动微型学习软件,技术支持有保障,功能不断扩展,二次开发成本低和容易使用,受到继续教育学生的欢迎,有利于实现"学教娱乐一体化"。

翻转课堂成功与否的一个重要因素取决于师生、生生之间交流互动的程度。目前一些地方高校的继续教育往往学完一门课程,学生之间、师生之间名字都叫不上来,教学互动效果可想而知。现今时代,学习不再是内化的个人活动,而是借助高度交互的、高度网络化的媒介进行情景认知、分布式认知的过程。学生更加关注学习过程的便捷性、参与性与交互性,强调学习的趣味性,强调学习、生活、娱乐相结合。目前虽然很多高校投入大量人力、物力开发了在线答疑系统,老师集中某一个时间段进行在线答疑,但是很难实现继续教育学生的上述需求,所以在线互动交流效果不佳一直是各学校开展网络教育的短板。

目前广泛使用的 QQ 群、微信群等即时聊天工具在师生互动交流方面更具生命力和活力,二者已经在继续教育学生、班主任和教务管理人员之间得到了普遍应用,微信群、QQ 群与微信公众平台又互联互通,因此作为高校继续教育翻转课堂的线上互动交流平台是非常可行的。目前该交流平台技术上不存在太多问题,关键是高校需要出台在线互动交流工作量统计办法,以激励教师、班主任、管理人员积极参与在线答疑辅导交流;丰富课程考核机制,鼓励学生通过互动交流平台进行学习交流,分享学习心得体会。

(2)建立精品课程学习资源平台

在面向成人的继续教育翻转课堂教学模式中,学生大多数时间以观看教学视频自学为主,同时通过网络学习平台完成一定数量的习题来练习巩固所学的知识。所以,教学视频的质量和练习资源的设计非常重要。随着新媒体时代学生的网络学习途径和内容多样化,地方高校继续教育考核机制的不断完善,继续教育课程是否普教化的讨论在网络学习领域逐渐弱化,因为网络学习是自主学习,所学习的课程内容关键是要对其自身发展有用,学生觉得有的章节难,不需要可以不学,满足考核要求即可。例如,网易云课堂、爱课程、中国大学 MOOC 等,正是由于其课程精品、实用,所以吸引了大量成人通过网络继续学习,所以高校建设的网络精品课程、视频公开课、精品资源共享课等课程资源不仅限于普通高等教育使用,而且都可以通过二次开发,纳入地方高校继续教育网络课程体系,这样就有效解决了高校继续教育网络课程开发质量不高的问题。

继续教育教学视频不能只是传统课堂的简单照搬,成人学习最主要的特点是学习时间零散,为了更好地适应目前工作要求,需要边工作边学习。所以,地方高校继续教育翻转课堂的单个教学视频一般以几分钟到十几分钟为宜,学、测、评、导需要一体化,学生观看视频后,可以立即通过单元测试巩固刚才所学的知识点,系统能够自动判断对错。随着学习分析技术的发展,我们需要通过对学生回答问题情况进行数据汇总、统计分析,以帮助教师真正了解学生所学内容的掌握情况。

二、地方高校继续教育信息化建设的质量提升

(一)课程资源体系的信息化构建与优化

课程作为教学活动的基本组成单元,其质量直接关系地方高校继续教育的整体成效。因此,地方高校需紧密结合继续教育发展的实际状况,充分利用多媒体技术手段,实现教学内容、网络课程及辅助资源的全面信息化转型。具体而言,地方高校应构建一个内容丰富、分布广泛的教学资源库,该资源库应涵盖各类教学所需资源,以满足不同学习者的多样化需求。在此基础上,地方高校应充分发挥其在原创性及学科方面的独特优势,建立校内优质教育资源在继续教育与其他类型教育之间的共享机制。通过精心构建优质课程资源库、电子教室及微课等多种形式,促进本校优势教学资源向继续教育的有效溢

出和深度融合。同时,地方高校应积极探索互联网条件下课程资源的共建共享新模式。具体而言,我们可通过高校之间、高校与企事业单位等多方合作,共同打造一批多元化、实用化、网络化的课程"超市",为学习者提供更为丰富的学习选择。此外,地方高校还应鼓励与具备资质的企业开展深度合作,采用线上线下相结合的方式,共同推动在线开放资源平台的建设和移动教育应用软件的研发,以加速地方高校继续教育服务和学习方式的变革进程。

在课程资源的信息化构建过程中,地方高校还应注重创新教学模式。例如,通过翻转课堂、混合式教学等多种新型教学模式,充分利用优质数字资源,提高教学效果和学习者的学习体验。这些新型教学模式不仅能够激发学习者的学习兴趣和积极性,还能够培养其自主学习和协作学习的能力。

(二)质量管理信息化平台的构建与完善路径

为了提升地方高校继续教育的质量管理水平,应构建一个基于大数据推动科学管理的平台。该平台应充分运用各类数据资源,挖掘其中蕴含的各类主体需求偏好和信息反馈,主动对接经济社会发展对人才素质的要求,及时调整和优化学科专业结构设置,提高继续教育的针对性和实效性。同时,地方高校应利用大数据技术开展对继续教育教学活动和学习者行为数据的收集、分析和反馈工作。通过对这些数据的深入挖掘和分析,地方高校可以了解学习者的学习需求和学习状况,为推动个性化学习和针对性教学提供有力支持。此外,地方高校还应创建一个高效安全的教学质量管理平台,对教学过程进行全程质量管理和监控,确保教学质量的稳步提升。

在健全教学服务支持平台方面,地方高校应形成一个涵盖科研支持、教学服务和教学保障的综合性支持体系。该体系应涵盖教学资源的提供、教学过程的支持以及教学质量的保障等多个方面,为地方高校继续教育提供全方位、多层次的服务和支持。通过完善教学服务支持平台,地方高校可以提高继续教育的服务质量和水平,增强学习者的学习体验和满意度。

另外,鉴于继续教育具有市场化运作的特质,地方高校应通过信息化手段加强继续教育培训项目市场化办学行为的管理和监督工作。具体而言,地方高校应对广告宣传、市场拓展等进行有效监管和规范管理,确保宣传内容的真实性和合法性;同时,我们应运用信息技术手段对各类办学主体的招生、考试、发证、收费和其他办学行为进行严格监管和审查,确保其符合相关法律法规和政策要求。通过加强市场化办学行为的管理和监督,地方高校可以推动继续教育事业的健康、可持续发展,为社会培养更多高素质的人才。

第三节　校企合作背景下的地方高校继续教育

一、地方高校继续教育校企合作的必要性

(一)地方高校继续教育自身发展的内在驱动

1.知识经济时代的客观需求

在知识经济时代的大潮中,社会的快速发展与变革对人才的需求提出了更高、更新的要求。地方高校继续教育作为培养社会所需人才的重要阵地,其发展模式和教育理念必须与时俱进,紧密围绕市场需求这一核心进行根本性的转变。面对知识经济的浪潮,地方高校继续教育不能再局限于传统的教学模式和教育资源,而必须积极寻求与外部环境的深度融合。校企合作作为一种创新的教育模式,为地方高校继续教育提供了广阔的发展空间。通过与企业建立紧密的合作关系,地方高校可以及时了解市场动态和行业、企业需求,从而调整教育内容和教学方式,实现教育资源的优化配置。这种校企合作的模式不仅有助于提升地方高校继续教育的针对性和实效性,使其培养的人才更加符合市场需求,还能够促进教育资源的共享与互补,提高教育质量和效率。对于地方高校而言,这是自身发展的内在要求,也是提升竞争力的关键途径。同时,在知识经济时代,地方高校继续教育还面临着诸多挑战,如技术更新迅速、知识迭代加快等。因此,紧密围绕市场需求,借助校企合作模式,成为地方高校继续教育应对挑战、实现可持续发展的必然选择。

2.终身学习型社会构建的迫切需要

当今社会,知识更新速度日新月异,技术迭代频繁,这对个体的学习能力提出了更高要求。构建终身学习型社会,已成为时代发展的必然趋势。地方

高校作为区域知识传播与创新的重要基地,其继续教育承担着为社会成员提供持续学习机会的重任。通过开设多样化的继续教育课程,满足不同年龄、不同职业背景人群的学习需求,地方高校有助于推动终身学习理念的深入人心,促进社会整体知识水平和技能素养的提升。这不仅是对个人职业发展的有力支持,也是社会和谐稳定与持续进步的重要基石。

3.高等教育大众化的现实诉求

随着高等教育从精英化向大众化转变,越来越多的人有机会接受高等教育。地方高校继续教育作为高等教育体系的一部分,其发展对于实现高等教育资源的优化配置、扩大高等教育覆盖面具有重要意义。通过提供灵活多样的教育形式,如在线教育、短期培训、职业资格证书课程等,地方高校继续教育降低了高等教育的门槛,更多有志于学习的人能够根据自身情况选择合适的教育路径,从而实现个人价值和社会贡献的双重提升。

(二)新时代社会经济快速发展的外在要求

1.人才竞争与经济发展的紧密相关性

在当今全球化的经济格局中,人才已成为推动经济社会发展的核心要素。随着科技的飞速进步和产业结构的不断优化升级,对高素质、高技能人才的需求日益迫切。一个国家经济实力的强弱,很大程度上取决于其人才资源的丰富程度和质量高低。因此,人才竞争已成为国际竞争的重要焦点,成为衡量一个国家或地区综合竞争力的重要指标。

地方高校作为人才培养的重要基地,承担着为社会输送各类专业人才的重任。特别是在继续教育领域,地方高校通过提供灵活多样的教育形式和课程,满足不同层次、不同领域人才的学习需求,对于提升整个社会的人才素质结构具有不可替代的作用。经济社会的快速发展,要求地方高校必须紧跟时代步伐,不断调整和优化继续教育的专业设置和课程内容,以适应市场对人才的需求变化。同时,地方高校还应加强与企业的合作,通过校企合作、产教融合等方式,实现人才培养与市场需求的有效对接,为经济社会发展提供有力的人才支撑。

此外,人才竞争还体现在对创新型人才的需求上。创新是引领发展的第一动力,而创新型人才则是推动创新的关键。地方高校在继续教育中应注重培养学生的创新意识和实践能力,鼓励学生勇于探索、敢于创新,为经济社会发展注入源源不断的创新活力。

2.地方高校继续教育服务职能的战略性转变

随着经济社会的发展,地方高校的继续教育服务职能也在发生战略性转变。传统上,地方高校的继续教育主要侧重于学历补偿教育,即那些因各种情况未能接受正规高等教育的人提供学习机会。然而,在新时代背景下,这一服务职能已难以满足社会对多样化、高层次人才的需求。因此,地方高校必须重新审视和定位继续教育的服务职能,将其从单一的学历补偿教育拓展为涵盖职业培训、技能提升、终身学习等多个方面的综合性教育体系。这一战略性转变要求地方高校不仅要关注知识的传授,更要注重能力的培养和素质的提升。通过提供灵活多样的教育形式和课程,满足不同层次、不同领域人才的学习需求,促进人才的全面发展。

同时,地方高校还应加强与社会的联系和合作,积极融入地方经济社会发展的大局中。通过深入了解地方产业结构和人才需求状况,有针对性地开展继续教育活动,为地方经济社会发展提供有力的人才保障和智力支持。此外,地方高校还应充分利用自身优势资源,如师资力量、科研实力等,为地方企业提供技术咨询、产品研发等服务,推动产学研用深度融合。

3.政校企三方的共同价值取向与利益诉求的协同实现

在地方高校改革创新继续教育校企合作的办学机制过程中,构建了以政府为主导、企业为主体的办学体制。这一办学体制不仅有助于提升继续教育的质量和效率,还对政府、学校和企业等各方参与者产生了积极的深远影响。

政府作为政策制定者和监管者,在推动校企合作中发挥着至关重要的作用。政府通过制定相关政策和法规,为校企合作提供法律保障和政策支持。同时,政府还通过财政拨款、税收优惠等方式,鼓励企业积极参与校企合作,共同培养高素质人才。政府的这些举措不仅有助于提升继续教育的社会地位和认可度,还能促进经济社会的可持续发展。

地方高校作为人才培养的主阵地,在校企合作中承担着重要的角色。通过与企业的紧密合作,地方高校可以及时了解市场需求变化,调整和优化专业设置和课程内容,提高人才培养的针对性和实效性。同时,地方高校还可以借助企业的资源和优势,为学生提供更多的实践机会和就业渠道,提升学生的就业竞争力和职业发展能力。

企业作为市场经济的主体,对人才的需求最为迫切。通过参与校企合作,企业可以直接参与人才培养的过程,根据自身需求定制培养方案和课程设置,培养符合企业要求的高素质人才。这不仅有助于解决企业用人难的问题,还能提高企业的创新能力和核心竞争力。

校企合作是政校企三方共同的价值取向和利益诉求的体现。政府希望通过校企合作推动经济社会可持续发展;地方高校希望通过校企合作提高人才培养质量和效率;企业希望通过校企合作培养符合自身需求的高素质人才。因此,实现三方互利共赢是校企合作的目标和追求。

为了实现这一目标,政校企三方需要建立紧密的合作关系和有效的沟通机制。政府应加强对校企合作的引导和支持力度;地方高校应主动适应市场需求变化,加强与企业的合作与交流;企业应积极参与校企合作过程,为人才培养提供实践平台和就业机会。只有这样,才能充分发挥政校企三方的优势和作用,实现三方互利共赢的目标。

二、校企合作背景下地方高校继续教育的策略

(一)制定地方高校继续教育的发展目标

制定明确的发展目标是地方高校继续教育在校企合作中取得成功的关键。这一目标不仅应体现地方高校的教育特色,还应紧密结合地方经济社会发展的实际需求,以及企业的用人标准。首先,地方高校需要深入分析自身的教育资源优势,包括师资力量、教学设施、学科专业等,明确自身在继续教育领域中的定位和优势。例如,一些地方高校在工程技术、教师教育等专业领域具有较强的教学和科研实力,这些专业领域的继续教育课程往往更受企业欢迎。因此,地方高校应充分利用这些优势资源,打造具有特色的继续教育品牌。其次,地方高校需要密切关注地方经济社会的发展动态,了解企业对人才的需求变化。随着产业结构的调整和升级,企业对人才的需求也在不断变化。地方

高校应通过与地方政府、行业协会等机构的合作,及时掌握企业用人的最新需求,以便调整继续教育的专业设置和课程内容,确保教育输出与市场需求的有效对接。最后,地方高校在制定继续教育发展目标时,还应注重长远规划和可持续发展。继续教育不仅是一项短期培训任务,更是一项长期的人才培养工程。地方高校应建立健全继续教育的管理体系和质量保障机制,确保教育质量的稳步提升。同时,地方高校还应积极探索多元化的教育合作模式,如与国内外知名高校、科研机构、企业等建立合作关系,共同推动继续教育事业的发展。

(二)实现地方高校继续教育以企业需求为导向

校企合作的核心在于实现教育与产业的深度融合,使地方高校继续教育更加贴近企业需求,为企业培养更多符合实际要求的高素质人才。为了实现这一目标,地方高校需要在多个方面进行改革和创新。

1.市场导向意识的强化与教育办学模式的革新

(1)地方高校需要强化市场导向意识,将市场需求作为继续教育办学的重要参考依据。这意味着地方高校在设置继续教育专业、开发课程内容时,必须充分考虑企业的实际需求和行业的发展趋势。例如,随着信息技术的飞速发展,许多企业对具备信息技术应用能力的人才需求日益增加。地方高校应敏锐捕捉这一市场动态,及时调整继续教育的专业设置,增加信息技术相关课程,以满足企业的用人需求。

(2)地方高校需要革新教育办学模式,实现教育与产业的深度融合。传统的教育模式往往侧重于理论知识的传授,而忽视了实践技能的培养。在校企合作框架下,地方高校应积极探索"产学研"一体化的教育模式,将企业的实际需求融入教学过程中。通过与企业共同开发课程、共建实训基地、开展联合培养等方式,学生能够在学习过程中接触真实的工作环境和任务,从而提高其解决实际问题的能力。

(3)地方高校还可以借鉴国外的成功经验,如德国的"双元制"教育模式,将企业的职业培训与学校的学历教育紧密结合,开展新型"学历+技能"培养模式,形成一种互补优势的教育体系。在这种模式下,学生既可以在学校接受系统的理论知识教育,又可以在企业接受实践技能培训,从而实现理论知识与实践技能的有机结合。

为了实现教育办学模式的革新,地方高校还需要加强师资队伍的建设。一方面,地方高校可以邀请具有丰富实践经验的行业专家、企业技术骨干担任兼职教师,为学生提供更贴近实际的教学指导;另一方面,地方高校可以鼓励在校教师深入企业一线,了解企业的实际运营情况和用人需求,以便在教学过程中更好地将理论知识与实践相结合。

2.培训需求的聚焦与课程体系设计的创新

在校企合作中,地方高校还需要聚焦企业的培训需求,对课程体系进行设计和创新。企业的培训需求往往具有多样性和针对性,地方高校应根据企业的实际需求,量身定制继续教育课程。第一,地方高校需要通过与企业进行深入沟通,了解其具体的培训需求和目标。这包括企业对员工的知识结构、技能水平、职业素养等方面的要求。通过充分了解企业的需求,地方高校可以更加准确地把握课程设计的方向,确保课程内容与企业的实际需求相契合。第二,地方高校在课程体系设计时,应注重理论与实践的结合。除了传授必要的理论知识外,还应增加实践环节,如案例分析、模拟实训、项目合作等,以提高学生的实际操作能力,还可以引入企业的实际项目作为教学内容,让学生在解决实际问题的过程中学习和成长。第三,地方高校应关注新兴产业的发展趋势,及时更新课程内容。随着科技的进步和产业的升级,新兴产业不断涌现,对人才的需求也在不断变化。地方高校应紧跟时代步伐,及时调整课程设置,增加与新兴产业相关的课程内容,以满足企业对新型人才的需求。第四,地方高校还可以探索跨学科的课程体系设计。在现代社会中,许多复杂问题往往需要多学科的知识来共同解决。因此,地方高校可以打破传统学科之间的壁垒,实现跨学科的知识融合。例如,可以开设跨学科的综合课程,或者组织跨学科的实践教学活动,让学生在学习过程中接触不同领域的知识和技能,培养其综合素养和创新能力。第五,地方高校在课程体系设计中还应注重灵活性和可拓展性。由于企业的培训需求可能会随着市场环境的变化而发生变化,因此地方高校应设计具有灵活性和可拓展性的课程体系,以便根据企业的实际需求进行调整和优化。例如,地方高校可以设置模块化的课程结构,每个模块相对独立又相互联系,方便根据企业需求进行组合和调整。

在课程体系实施过程中,地方高校还应建立健全的质量保障机制。通过定期的教学评估、学生反馈、企业评价等方式,对课程体系的实施效果进行监测和评估,及时发现并解决问题,确保课程体系的不断完善和优化。

3.专业研发团队的组建与培训项目体系的创新

地方高校继续教育需要对继续教育市场进行全面深入的调研,这一调研过程应系统、全面,旨在准确把握市场对人力资源的特定需求。针对这些需求,地方高校应组织专业人员成立研发团队,这一团队应具备高度的专业素养和创新能力。通过深入研究、细致分析及团队讨论,研发团队应科学合理地制定出既符合市场运作规律又满足企业业务需求的培训方案。这一过程中,应充分考虑企业的实际需求和市场的发展趋势,确保培训方案的前瞻性和实用性。在地方高校继续教育中,只有开发出真正符合企业需求的创新培训项目,才能深度融入地方经济发展,为地方社会经济的进步作出积极贡献。

在培训项目的开发与创新过程中,地方高校应始终将企业需求放在首位。同时,地方高校应充分考虑自身的特色与优势,努力提升企业在地方高校继续教育研发能力及专业课程设置方面的满意度。通过不断提高培训项目的质量和针对性,地方高校能够充分激发企业对地方高校继续教育的积极性与热情,推动校企合作关系的深入发展。

此外,地方高校继续教育应不断开拓新项目,形成具有市场竞争力的继续教育项目集群。这一过程中,地方高校应注重项目的多样性和互补性,以满足企业对多元化、高素质人才的需求。通过构建科学完善的培训项目体系,地方高校能够更好地服务于地方经济,促进地方经济的持续健康发展。这一体系的建立不仅要求地方高校在教育培训理念和方法上的创新,更需其在管理机制和运作模式上的不断探索和完善。

(三)健全地方高校继续教育校企合作保障体系

校企合作模式凭借其高效的人才培养机制,已在地方高校继续教育领域中,成为一股不可忽视的力量。在市场经济环境不断演变的情境下,如何有效整合地方高校的继续教育资源与校企合作机制,构建一种长期稳定且可持续的合作关系,显得尤为重要。因此,加速推进地方高校继续教育校企合作的发展进程,不仅成为继续教育人才培养领域的核心关注点,也是顺应经济发展转型、优化产业结构、推动经济发展方式转变的必然趋势。

1.校企合作政策保障体系的构筑

为了确保地方高校继续教育校企合作的有序进行,构建一套明确且具体的政策保障体系显得尤为重要。这一体系的构建需依赖详尽的政策制定,以清晰界定高校与企业在合作进程中的权利、责任及义务。政策的出台不仅为校企合作的规范化、法治化运作提供了坚实的法律基础,还为其持续、健康发展奠定了稳固的基石。政府相关部门在此过程中扮演着至关重要的角色,其制定的激励政策对于激发企业参与校企合作的积极性具有显著作用。

地方政府应从立法层面着手,既对企业参与校企合作提出明确的要求,又通过建立相应的激励机制,鼓励企业积极主动参与。这一机制旨在通过政策引导,使企业在提升自身核心竞争力的同时,更好地服务于地方经济的发展。具体而言,政府可以出台税收减免、资金补贴等优惠政策,以降低企业参与校企合作的成本,增强其参与意愿。

2.校企合作组织保障体系的建立与实施

为了确保校企合作的高效运行,地方高校需制定并实施一套科学的组织保障体系。这要求地方高校成立专门的校企合作教育委员会及指导中心,全面负责校企合作的规划、指导与协调工作。校企合作教育委员会应由高校高层管理人员、企业代表、行业专家等多方组成,以确保决策的科学性和全面性。在此基础上,各高校需对其继续教育部门的组织结构进行合理调整与优化。通过建立健全的组织管理制度,明确各部门的职责、权限与任务,消除管理过程中的重复与冗余,确保每一项工作都能得到精准定位与高效协同。此外,校企合作委员会及指导中心还应设立市场调研小组,密切关注市场动态,准确把握人力资源需求趋势,为校企合作的继续教育项目提供有力的前期准备和决策支持。同时,为了不断优化校企合作的效果,我们应建立定期的满意度调查、学生工作绩效反馈等机制。通过这些机制,我们可以及时了解校企合作过程中存在的问题和不足,及时调整合作策略,确保教学资源的合理配置与高效利用。

3.校企合作经费保障体系的构建

经费保障是校企合作顺利进行的重要保障。为了构建地方高校继续教育校企合作的经费保障体系,需要制定一系列优惠政策,并设立校企合作专项基金,以确保校企继续教育项目的资金来源稳定。增加对继续教育经费的投入,是推动继续教育多元化格局快速形成、保障校企合作健康有序发展的前提条件。

政府相关部门应加大对地方高校继续教育经费的支持力度,通过建立继续教育专项基金制度,将基金重点投入示范基地建设、师资队伍建设等方面。示范基地的建设可以为校企合作提供实践平台,促进理论与实践的深度融合;师资队伍的建设则是提高教学质量的关键,通过引进和培养优秀教师,可以提升校企合作的教学水平。同时,校企合作的资金补助与奖励制度应设计得更为合理。对积极参与校企合作的企业,应给予一定的资金补助和奖励,以有效调动其参与的积极性;对参与校企合作的教师,则应建立全面的津贴与奖励制度。这一制度不仅应关注教师的教学参与程度,更应重视其教学效果、学生反馈及企业评价。对表现优异的教师,应给予表彰与奖励,从而激发其教学热情,提高教学质量。

4.校企合作制度保障体系的完善

除了资金投入外,完善校企合作继续教育制度也是构建校企合作保障体系的重要一环。通过制度的建立与完善,可以对积极参与校企合作的高校与企业给予表彰与奖励,对合作成效显著的项目给予资助与双倍奖励;同时对不积极参与的企业实施一定程度的制约措施,以此激励与约束双方的行为,极大地调动行业与企业参与校企合作的积极性。完善这一保障体系有助于营造良好的校企合作氛围,促进校企合作继续教育的健康发展。具体而言,可以建立校企合作项目评估机制,对合作项目的实施效果进行定期评估,根据评估结果给予相应的奖励或改进建议。同时,我们应建立健全的教学质量监控与项目运行监控保障体系。这一体系可以确保校企合作的教学过程符合教育规律和质量要求,及时发现并纠正教学过程中存在的问题;同时,我们还可以对项目的运行情况进行实时监控,确保项目按计划顺利进行。

通过完善校企合作制度保障体系,可以提升地方经济的竞争力,为我国的经济建设贡献力量。一方面,校企合作可以培养出更多符合市场需求的高技能人才,为地方经济发展提供人才支撑;另一方面,校企合作还可以促进产学研用深度融合,推动科技创新和成果转化,为地方经济发展注入新的活力。

第四节　数智化时代高校继续教育的发展

在数智化时代,以大数据、人工智能、云计算等为代表的新兴技术正在深刻改变着教育领域。高校继续教育作为我国教育事业的重要组成部分,肩负着培养高素质人才、促进社会进步的使命。面对数智化时代的挑战,高校继续教育必须加快智慧化发展,提高教育教学质量,满足学习者的多元化需求。

一、科学构建智慧教育生态系统

在数智化时代,教育领域正经历着前所未有的深刻变革,而地方高校继续教育作为高等教育体系中的重要组成部分,正积极投身于这一变革的洪流之中,探索着智慧化发展的新路径。数智化时代的到来,不仅为地方高校继续教育带来了前所未有的机遇,也对其传统的教育模式提出了严峻的挑战。在此背景下,构建智慧教育生态系统,成为地方高校继续教育转型升级的关键所在。

地方高校继续教育智慧化发展的核心,在于将教育的重心从传统的以教师为中心转向以学习者为中心,这一转变是顺应时代潮流、满足学习者多元化需求的必然选择。在数智化时代,学习者的学习需求日益多样化、个性化,他们不再满足于传统的被动接受式学习,而是渴望获得更加自主、灵活、富有成效的学习体验。因此,地方高校继续教育必须紧跟时代步伐,转变教育观念,将学习者置于教育的核心地位,围绕其学习需求和学习特点来设计和组织教学活动,从而实现教育教学的个性化和精准化。

为了实现这一目标,地方高校继续教育需要充分利用其地域优势,整合校内外优质教育资源。这些资源不仅包括高校自身拥有的优秀师资力量、丰富的教学内容和先进的教学设备,还包括地方企业、行业协会、科研机构等社会各界的优质资源。通过深度融合这些资源,地方高校可以打破传统教育模式的壁垒,为学习者提供更为开放、多元的学习空间。这种资源的整合不仅有助于提升教育教学的质量和效率,还能促进教育公平,让更多地处偏远或资源匮乏地区的学习者也能接触到优质的教育资源,享受数智化时代带来的教育红利。

在整合教育资源的基础上,地方高校继续教育还需搭建线上线下相结合的智慧教育平台。线上教育平台可以依托互联网和移动通信技术,为学习者提供便捷、灵活的学习方式,如在线课程、远程教学、虚拟实验室等。这些线上教育资源不仅打破了时间和空间的限制,还能根据学习者的学习进度和兴趣进行个性化推荐,实现学习的定制化和精准化。而线下教育平台则可以通过实体教室、实验室、实训基地等场所,为学习者提供面对面交流、实践操作等学习体验,增强学习的互动性和实践性。线上线下相结合的教育模式,既发挥了线上教育的便捷性和灵活性,又保留了线下教育的实践性和互动性,满足了不同学习者的多元化需求。

智慧教育平台的搭建离不开先进技术的支撑。大数据、云计算、人工智能等数智化技术为智慧教育平台提供了强大的技术支持。通过大数据分析,平台可以深入挖掘学习者的学习行为和学习数据,准确了解其学习需求和学习特点,为学习者提供更加个性化、精准化的教育教学服务。云计算技术则为平台提供了海量的存储空间和强大的计算能力,确保了平台的稳定运行和数据安全。人工智能技术则可以应用于智能辅导、智能评估、智能推荐等多个环节,为学习者提供更加高效、精准的学习支持和服务。

个性化、智能化的教育教学服务是智慧教育平台的重要特征。通过个性化服务,平台可以根据每个学习者的学习需求和兴趣偏好,为其量身定制学习计划和学习路径,让学习者在轻松愉悦的氛围中实现自我提升和全面发展。智能化服务则可以通过实时反馈、智能推荐、智能评估等方式,帮助学习者及时调整学习策略和方法,提高学习效果和效率。这种个性化、智能化的教育教学服务不仅提升了学习者的满意度,还激发了其学习的积极性和主动性。

二、强化地方高校教师队伍建设

随着社会的不断进步与科技的飞速发展,教育领域正经历着前所未有的变革与挑战,数智化时代的到来尤为显著。在此背景下,地方高校作为高等教育体系的重要组成部分,其继续教育的质量提升成为时代赋予的重要使命。教师作为教育活动的核心要素,其角色和地位在数智化时代的教育变革中显得愈发关键。为了提升教育教学的质量和效果,适应数智化时代的教育需求,地方高校必须加强对教师的培训和选拔,提高教师的教育教学能力和素质,并推动教育教学模式的创新(图5-3)。

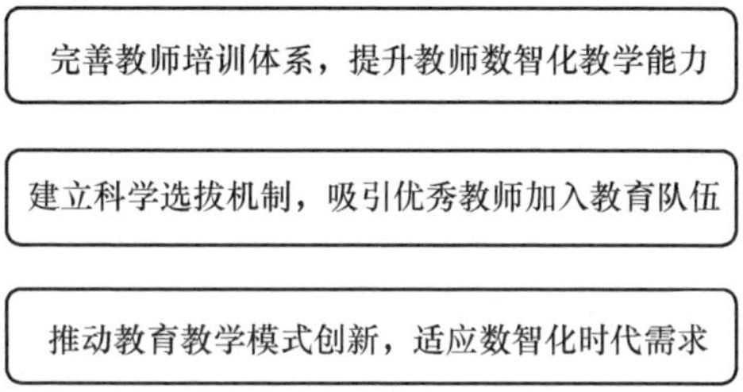

完善教师培训体系,提升教师数智化教学能力

建立科学选拔机制,吸引优秀教师加入教育队伍

推动教育教学模式创新,适应数智化时代需求

图5-3 强化地方高校教师队伍建设

(一)完善教师培训体系,提升教师数智化教学能力

随着信息技术的飞速发展,数智化教学已成为现代教育的发展趋势。地方高校要适应这一变化,就必须完善教师培训体系,提升教师的数智化教学能力。首先,地方高校应定期组织教师参加数智化教学技能培训。这些培训可以涵盖数字化教学资源的获取与利用、在线教学平台的操作与使用、数智化教学工具的应用与开发等多个方面。通过系统的培训,教师能够熟练掌握数智化教学的基本技能,为开展线上线下混合式教学打下坚实基础。其次,地方高校应鼓励教师积极参与数智化教学实践。实践是检验真理的唯一标准,只有通过实际的教学实践,教师才能真正体会到数智化教学的优势,并在实践中不断探索和创新教学方法。高校可以为教师提供实践机会,如支持教师开展在线课程、建设数字化教学资源库等,让教师在实践中不断提升自己的数智化教学能力。最后,地方高校还应建立完善的数智化教学评价体系。评价体系是检验教师教学效果的重要手段,也是激励教师不断提升自己的动力。学校可以制定科学合理的评价标准,对教师的数智化教学效果进行客观评价,并根据评价结果给予相应的奖励和激励,激发教师参与数智化教学的积极性和创

造性。

(二)建立科学选拔机制,吸引优秀教师加入教育队伍

优秀的教师是地方高校教学质量的保障,因此,建立科学的选拔机制,吸引更多优秀教师加入教育队伍,对提升地方高校的整体教学水平至关重要。首先,地方高校应明确教师的选拔标准。选拔标准应涵盖教师的学历背景、教学经验、科研成果等多个方面,确保选拔出的教师具备较高的综合素质和教学能力。同时,学校还应注重选拔具有创新精神和实践能力的教师,以适应现代教育发展的需要。其次,地方高校应拓宽教师的选拔渠道。除了传统的校园招聘外,高校还可以积极与企事业单位、科研机构等建立合作关系,通过人才引进、兼职教师等方式,吸引更多优秀人才加入教育队伍。此外,高校还可以利用网络平台发布招聘信息,扩大选拔范围,提高选拔效率。最后,地方高校应建立完善的激励机制,留住优秀人才。激励机制可以包括薪酬待遇、职称晋升、科研支持等多个方面。高校应根据教师的实际需求和职业发展规划,制定个性化的激励方案,让教师感受到学校的关怀和支持,从而更加安心地投身于教育事业。

(三)推动教育教学模式创新,适应数智化时代需求

传统的教育教学模式往往注重知识的传授和灌输,忽视了学生的主体地位和个性化需求。在数智化时代,这种教学模式已经难以满足社会对人才的需求。因此,地方高校必须推动教育教学模式的创新,以适应数智化时代的教育需求。

在创新教学模式上,地方高校可以采取多种方式。翻转课堂是一种将传统的课堂讲解和课后练习进行颠倒的教学模式。通过让学生在课前通过视频等资源自主学习新知识,在课堂上进行深入的讨论和互动,翻转课堂能够充分激发学生的学习兴趣和创造力,提高学生的学习效果。混合式教学则将线上学习与线下教学相结合,充分发挥两种教学方式的优势。线上学习能够为学生提供更加灵活、便捷的学习方式,而线下教学则能够为学生提供更加直观、深入的学习体验。通过混合式教学,地方高校能够提高教学效果和学生的学

习体验,满足学生多样化的学习需求。

项目式教学则是一种以项目为核心的教学方式。通过让学生参与实际的项目实践,项目式教学能够培养学生的实践能力和创新精神。在数智化时代,项目式教学具有重要意义。地方高校可以结合自身的专业特色和优势,设计与行业、企业紧密相关的项目,让学生在实践中掌握专业知识和技能,提高他们的综合素质和就业竞争力。

此外,地方高校还应鼓励教师积极探索其他新的教育教学模式,如探究式学习、合作学习等。探究式学习能够引导学生通过自主探究、合作交流等方式获取知识,培养他们的探究精神和合作意识。合作学习则能够让学生在小组或团队中共同完成学习任务,培养他们的团队协作能力和沟通能力。

三、促进技术与教育的深度融合

在数智化浪潮席卷全球的当下,大数据、人工智能等前沿科技的飞速进步正对社会的各个层面产生深远影响,教育领域自然也不例外。这一变革尤为显著地体现在地方高校继续教育的转型与升级之中,技术与教育的深度融合为教育教学模式带来了革命性的变化,尤其在教育教学过程的精细化监控与智能化分析方面,其潜力与价值日益凸显。

地方高校作为高等教育体系的重要组成部分,其继续教育的发展尤为关键。在数智化背景下,大数据技术的引入为地方高校提供了前所未有的数据洞察能力。通过全面收集并分析学生的学习成绩、学习行为模式、学习习惯等多维度数据,地方高校能够构建详尽的学生学习画像。这一过程中,教师不仅能够获得学生个体学习的微观视角,精准识别每位学生的学习难点与瓶颈,从而实施个性化的教学策略,提供量身定制的学习支持;同时,教师还能从宏观层面把握整个班级或年级的学习动态,揭示不同学生群体间的学习差异与特性,为制订更加精准、差异化的教学计划提供科学依据,真正实现因材施教的教育理念。

人工智能技术的融入为地方高校继续教育带来了智能化的教学工具与辅助系统,极大地丰富了教学手段。智能教学系统能够根据学生的学习进度与需求,智能推荐适宜的学习资源与练习题,引导学生进行高效、有针对性的学习。智能辅导系统则通过分析学生的学习数据,自动识别学习弱项,提供个性化的辅导方案与建议,有效助力学生克服学习障碍。此外,人工智能技术在教育教学过程中的实时监控与预警功能,能够及时发现学生的学习异常,为教师提供即时反馈,便于教师迅速介入,引导学生回归正常学习轨道,确保教学质量的持续提升。

地方高校在利用大数据、人工智能等技术对教育教学过程进行实时监控与分析的过程中,不仅显著提升了教师的教学效率与学生的学习成效,还为教育决策提供了强有力的数据支撑。在教育政策制定层面,通过对地方高校及不同地区教育教学数据的深度挖掘,可以客观揭示教育发展的地域差异与校际不平衡现象,为政策制定者提供全面、客观的信息参考,促进教育资源的均衡配置,推动教育公平与可持续发展。

在高校管理层面,数智化技术的应用使得地方高校管理者能够全面掌握教学运行状况,及时发现并解决教学中存在的问题,有效提升管理效率与教学质量。同时,这些数据与分析结果为学校的教学评估、课程改革及教学质量持续改进提供了坚实的数据基础与决策依据。然而,值得注意的是,地方高校在推进技术与教育深度融合的过程中,也面临着诸多挑战。数据的隐私保护与安全、技术的可靠性与实用性、教师队伍的信息技术素养提升等问题,均需得到高度重视与妥善解决。因此,地方高校在探索数智化教育转型之路时,应采取科学合理的方法论,建立健全的技术应用与管理体系,确保技术的有效性与安全性,充分发挥数智化技术在推动继续教育创新发展中的积极作用,为地方经济社会发展培养更多高素质人才。

第六章　地方高校继续教育全面 质量管理路径

质量管理,作为确保教育品质、推动教育创新的关键环节,对地方高校继续教育而言,不仅关乎教学成效的衡量,更涉及教育资源的优化配置、教育目标的实现。本章深入剖析地方高校继续教育全面质量管理的要点、内容、意义及对策研究,旨在为构建高效、优质的教育体系提供有益参考。

第一节　地方高校继续教育全面质量管理的要点

在当今全球化的背景下,全面质量管理(Total Quality Management,TQM)作为一种先进的管理理念,已被众多国家和地区广泛应用于各类行业之中,其影响力渗透至社会经济的各个层面。教育领域,尤其是地方高校的继续教育部门,亦积极引入 TQM 理念,旨在提升教育质量,增强教育服务的竞争力和适应性。

一、"以人为本"的管理理念在地方高校继续教育中的体现

地方高校继续教育全面质量管理的首要原则是"以人为本"。这一原则强调,在教育过程中,应始终将人的发展置于核心地位,倡导"终身学习"的教育理念,充分重视素质教育对于个体成长和社会进步的推动作用。在地方高校继续教育的语境下,"以人为本"意味着将学习者视为教育质量管理的主体,不仅关注其知识技能的获取,更重视其综合素质的提升和个性化需求的满足。为实现这一目标,地方高校需构建一套完善的质量管理体系,确保所有教职员工深刻理解并践行学校的质量方针和目标。这要求每位员工不仅要在各自岗位上严格执行质量标准,还要不断提升自身的教学和管理能力,通过持续的专

业发展,促进个人工作质量的提升,进而保障教育产品和服务的整体质量。此外,地方高校还应鼓励师生间的积极互动,营造开放、包容的学习氛围,激发学习者的创造性和主观能动性,使其成为教育质量提升的积极参与者和受益者。

二、系统管理在地方高校继续教育质量管理中的应用

系统管理原则是地方高校继续教育全面质量管理的另一重要支柱。它从整体上把握教育质量的形成过程,要求从战略高度出发,对影响教育质量的所有相关活动进行全面研究、系统分析和综合管理。这意味着,地方高校在规划继续教育项目时,需综合考虑市场需求、教育资源、教学方法、评估机制等多个维度,确保各要素间的协调一致,实现教育资源的优化配置和整体效益的最大化。具体而言,地方高校应建立一套涵盖教学设计、实施、评估及反馈的全链条质量管理体系。在这一体系中,每个环节都被视为质量形成的关键节点,需通过科学的流程管理和质量控制手段,确保教育活动的高效运行和持续改进。同时,地方高校还应注重利用现代信息技术手段,如大数据分析、云计算等,提升教育管理的智能化水平,实现对教育质量数据的实时监控和精准分析,为决策提供科学依据。

三、质量与效益相统一的原则在地方高校继续教育中的实践

质量与效益相统一是地方高校继续教育全面质量管理的基本原则之一。这一原则强调,在追求教育质量的同时,必须充分考虑经济效益和社会效益,避免盲目追求数量而忽视质量,或过分追求高质量而导致成本过高。地方高校需在实践中找到质量与成本之间的最佳平衡点,实现教育资源的有效配置和利用。具体而言,地方高校在制定继续教育项目时,应基于市场需求和学习者需求进行充分调研,确保项目设置的科学性和针对性。同时,通过优化课程设置、教学方法和评估方式,提高教育服务的吸引力和竞争力,从而增加收入,提升经济效益。此外,地方高校还应注重对社会效益的考量,如通过继续教育项目促进地方经济发展、提升民众文化素质和职业技能水平等,以实现教育服务的社会价值。

四、质量经营理念在地方高校继续教育中的贯彻

质量经营是地方高校继续教育全面质量管理的核心理念之一,它要求地方高校将质量视为教育服务的核心竞争力,将质量管理贯穿于教育经营的全过程。在这一理念指导下,地方高校需构建以质量为核心的教育经营体系,确保所有教育活动都围绕提升质量展开(图6-1)。

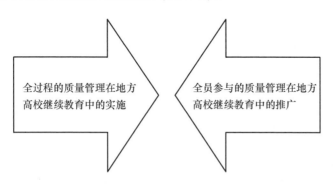

全过程的质量管理在地方高校继续教育中的实施

全员参与的质量管理在地方高校继续教育中的推广

图6-1 质量经营理念在地方高校继续教育中的贯彻

(一)全过程的质量管理在地方高校继续教育中的实施

地方高校继续教育的质量形成是一个复杂而系统的过程,涉及教学设计、教学资源开发、教学实施、学习支持服务、评估反馈等多个环节。为确保教育质量,地方高校需对这些环节进行全面管理,建立严格的质量控制机制。

在教学设计阶段,地方高校应根据市场需求和学习者特点,制订科学的教学计划和课程大纲,确保教学内容的针对性和实用性。在教学资源开发环节,地方高校应注重教材、教学软件、在线课程等资源的建设和更新,确保教学资源的丰富性和先进性。在教学实施过程中,地方高校应加强对教师教学行为的监督和管理,确保教学过程的规范性和有效性。同时,地方高校还应提供全方位的学习支持服务,如学术辅导、技术支持、心理咨询等,以满足学习者的个性化需求。在评估反馈阶段,地方高校应建立完善的评估体系,对教学质量和学习效果进行定期评估,及时发现问题并进行改进。

（二）全员参与的质量管理在地方高校继续教育中的推广

全员参与是地方高校继续教育全面质量管理的重要特征之一。它要求所有教职员工都积极参与质量管理，共同为提升教育质量贡献力量。

地方高校应通过培训、激励等方式，增强教职员工的质量意识和责任感。同时，地方高校应建立有效的沟通机制，鼓励教职员工之间的信息共享和经验交流，促进质量管理知识的传播和应用。此外，地方高校还应充分发挥学习者的主体作用，鼓励其积极参与教学质量管理，如通过学生评价、教学反馈等方式，为质量管理提供第一手资料和建议。

第二节　地方高校继续教育全面质量管理的内容

一、地方高校继续教育全面质量管理的内容——人

在地方高校继续教育的全面质量管理体系构建中，人力资源被确立为至关重要的核心要素，其高效配置与充分激励成为提升教育质量的核心驱动力。全面质量管理理论秉持"以人为本"的核心原则，将人的因素作为组织质量管理框架中的基石，致力于通过激活个体的创新潜能和主观能动性，保障质量管理活动的全面覆盖与深入实施。在这一理论指导下，地方高校继续教育的实践领域广泛渗透了这一理念，它不仅贯穿于组织的高层领导决策层面，还深入至对教职员工的管理、学生的学习体验、教师的教学实践、参与单位组织者的协调配合，以及合作单位的协同合作等多个维度，形成了全方位、多层次的质量管理网络（图6-2）。

（一）组织领导

组织领导，作为地方高校的决策者与灵魂人物，包括高校高层管理者、学院领导及教育中心主任等，他们在组织发展中扮演着至关重要的角色。领导者不仅负责确定组织的发展使命、愿景及价值观，还深刻影响着组织文化的塑造与演变。在继续教育领域，领导者的引领作用尤为显著，他们通过制定战略

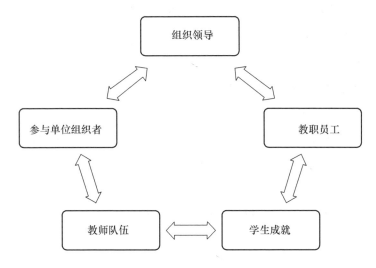

图 6-2　地方高校继续教育中人的全面质量管理

规划、优化资源配置、推动教学改革等措施,对继续教育的质量提升起着决定性的指导和引领作用。优秀的大学校长应具备多重优秀品质,这些品质同样适用于地方高校继续教育的领导者。北京大学的蔡元培、清华大学的梅贻琦、浙江大学的竺可桢等历史人物,正是以其独特的人格魅力和领导力,成为各自高校不可替代的标志性人物,对地方高校继续教育而言,组织领导的人格魅力同样是组织素质形成的关键因素。

（二）教职员工

教职员工,作为地方高校继续教育的执行主体,包括项目主管、项目负责人、班主任等,他们是继续教育项目规划、组织与实施的直接参与者,贯穿于项目管理的全过程。教职员工的工作态度、专业素养及执行力直接影响着继续教育项目的质量与效果。在地方高校继续教育质量管理体系中,教职员工通过细致入微的工作,确保教学计划的顺利实施、教学资源的有效配置及教学过程的持续优化,对提升继续教育质量发挥着至关重要的作用。

（三）学生成就

继续教育的核心使命在于培育具备高素质的人才群体,而学生所取得的成就及其在社会中的声誉,构成了评估继续教育质量的关键性指标。地方高校所开展的继续教育项目,广泛面向党政管理干部、企业管理人员、专业技术人员以及来自社会各阶层的人士。其教育质量不仅体现在教育产品本身所蕴含的内在价值,更显著地反映在学生知识水平的显著提升、综合素质的全面增强以及态度观念的积极转变上。学生在教育实践过程中的成长轨迹与进步表现,以及他们在社会各个领域中展现出的卓越成就,犹如地方高校继续教育质量的"名片",充分彰显了继续教育的实际成效与深远价值。

在继续教育体系中,学生的成就多维度地体现了教育质量的优劣。他们在知识掌握、技能水平提升、思维拓展等方面的进步,是继续教育直接作用的体现。同时,学生在职业素养、社会责任感以及创新能力等方面的增强,也间接反映了继续教育在促进人的全面发展方面的积极作用。这些成就不仅为学生个人职业发展奠定了坚实基础,也为社会进步和发展贡献了力量。

(四)教师队伍

教师队伍作为地方高校继续教育质量的核心承载者,其构成涵盖了专家学者、具备深厚理论功底的政府官员以及经验丰富的企业管理者等多元群体。教师的文化素质与教学水平,是决定继续教育教学质量的关键因素,对继续教育质量的提升起着内在的核心驱动作用。因此,地方高校需将教师队伍建设与发展置于重要位置,通过积极引进优秀人才、不断加强师资培训、完善激励机制等多重举措,全面提升教师队伍的整体素质与教学能力。具体而言,地方高校应注重选拔具有深厚学术底蕴和丰富实践经验的教师,以充实教学力量。同时,地方高校通过定期举办教学研讨会、工作坊等活动,促进教师之间的交流与合作,共同提升教学水平。此外,地方高校还应建立完善的激励机制,鼓励教师在教学科研方面不断创新,为继续教育质量的持续提升提供有力支撑。

(五)参与单位组织者

在地方高校继续教育质量管理过程中,参与单位的组织者,如委托单位、组织部门、人事部门及企业人力资源部门等,发挥着至关重要的桥梁与纽带作用。作为办学单位与学生之间的信息传递节点,他们既能够准确传达办学单位的教育需求与期望,又能够及时反馈学生的意见与建议,有效促进了办学单位与学生之间的沟通与协作。

参与单位组织者的积极作用,使得地方高校能够更加准确地把握市场需求动态,及时调整和优化教学内容与方式。他们通过收集和分析学生的反馈意见,为地方高校提供了宝贵的改进建议。同时,他们还积极参与教学计划的制订和实施过程,确保教学内容与市场需求紧密衔接。通过这些努力,地方高校得以不断提升继续教育的针对性与实效性,为学生提供更加优质、高效的教育服务。

二、地方高校继续教育全面质量管理的内容——物

在地方高校继续教育的全面质量管理体系架构中,人的创造性和主观能动性被视为推动质量管理的核心动力源,而物质要素作为这一体系稳固的基石与运作的载体,其重要性不容小觑。从哲学唯物论的视角审视,物质要素作为客观实体存在,构成了继续教育实践活动的物质基础,并对教育质量产生了深远的影响。这些物质要素广泛涉及教材、宣传册、质量手册、学生手册、员工手册、硬件设施、校园环境以及财务等多个维度。

(一)教材

教材在地方高校继续教育的质量管理体系中占据着核心地位,它是知识传递的主要渠道。学习过程是一个涵盖课内讲授与课外自主复习巩固的完整过程,鉴于课堂时间的有限性,教师仅能在课堂上传授核心知识与要点,因此,课前预习与课后复习成为学习环节中不可或缺的部分。教材作为学生自主学习的主要资源,其内容的准确性、时效性及呈现方式的合理性,直接关联学生的学习成效,是确保继续教育质量的重要物质基础。教材的编制需经过严格的质量把控,确保其内容的科学性与实用性,以满足不同学习者的需求。

(二)宣传册

在地方高校继续教育的孕育、形成与发展历程中,提升教育质量与特色,争取社会的广泛认同,是增强教育竞争力的关键策略。宣传册作为展现继续

教育特色与亮点的重要媒介,承担着传播积极信息、塑造教育品牌形象的职责。通过精心策划与设计的宣传册,地方高校能够向社会各界展示其继续教育的独特价值与魅力,从而吸引更多潜在学习者关注与参与。宣传册的内容需真实反映教育项目的优势与成果,以诚信为本,树立良好的教育形象。

(三)质量手册、学生手册与员工手册

在传统的地方高校继续教育质量管理模式中,依赖规章制度进行控制的管理方式较为普遍。然而,全面质量管理的理念框架要求对教育过程的每一个环节实施精细化管理与量化评估。质量手册、学生手册与员工手册作为质量管理标准化的具体表现形式,发挥着关键作用。质量手册系统列举了继续教育过程中可能遇到的各种质量风险点及相应的应对策略,为质量管理提供了明确的操作指南;学生手册则详尽阐述了学生在继续教育过程中应遵循的规章制度与注意事项,有助于学生规范自身行为,提升学习效果;员工手册则明确界定了教职员工在办学过程中的职责范围与操作流程,确保了教育活动的有序开展与高效运行。

(四)硬件设施

硬件设施是地方高校继续教育不可或缺的物质基础,它涵盖了教室、图书馆、自习室、体育馆、食堂、宿舍等一系列基础设施。这些设施不仅满足了学生的基本学习与生活需求,还在一定程度上激发了学生的学习兴趣与积极性。例如,多媒体教室的应用极大地丰富了教学手段,使得教学更加灵活多变、生动有趣。同时,良好的硬件设施也提升了地方高校的外部形象,增强了其对外的吸引力与竞争力,为继续教育的持续发展提供了有力支撑。

(五)校园环境

校园环境是地方高校历史积淀与文化传承的集中体现,它融合了传统遗产与文化品位,是地方高校向世界展示自身独特魅力的窗口。优美的校园环境不仅能够为学生提供宜人的学习与生活空间,还能够在潜移默化中熏陶学生的情操与品味,培养学生的环境保护意识与人文素养。校园环境的规划与

设计应充分考虑其教育功能,营造一种积极向上的学习氛围,促进学生的全面发展。

(六)财务

地方高校继续教育作为服务社会的重要渠道,既具有教育的公益性属性,又兼具市场的经营性属性。在为社会提供高质量服务的同时,也必须关注自身的可持续发展问题。其中,财务收支管理是一个至关重要的环节。全面质量管理追求数量与质量的和谐统一,既反对单纯追求数量而忽视质量,也反对过度追求质量。这就要求地方高校在财务管理中必须妥善处理好学校整体利益与学科发展之间的平衡关系、学校中心收益与科研投入之间的分配关系以及教师报酬的合理性等问题。科学合理的财务管理机制,为地方高校继续教育的全面质量管理提供坚实的经济保障,确保教育活动持续健康发展。

三、地方高校继续教育全面质量管理的内容——事

地方高校继续教育的全面质量管理是一项复杂且系统的工程,其中事务性管理作为其核心组成部分,占据了举足轻重的地位。事务性管理涵盖了继续教育发展的多个关键维度,是确保教育质量持续、稳步提升的重要支撑。

第一,发展规划、政策与制度的制定及实施。发展规划作为具有战略性、前瞻性和导向性的政策工具,在继续教育的管理体系中发挥着引领和主导的作用。它不仅为继续教育的发展指明了方向,还预示着其未来的发展趋势和路径。为了确保发展规划的有效实施,地方高校必须制定与之相配套的政策和制度。这些政策和制度构成了继续教育质量管理的宏观调控体系,为教育质量的提升提供了制度保障和政策支持。它们规范了继续教育的办学行为,明确了各方的权责关系,确保了教育活动的有序进行。

第二,继续教育组织架构的设计。组织架构是办学单位内部组织资源、搭建流程、开展业务、落实管理的基本框架和载体。它受到管理要求、管控定位、管理模式以及业务特征等多重因素的影响和制约。在地方高校继续教育的组织架构设计中,必须充分考虑其与发展规划的契合度和适应性。地方高校应根据自身的特点和实际情况,选择直线型、职能型、扁平式等适合的组织架构

类型。一个优化合理的组织架构能够充分调动各方的积极性和创造力,形成科学、系统、高效的管理模式,从而有效推动发展规划的实现和落地,成为继续教育质量管理中不可或缺的组织保障。

第三,继续教育运行机制的构建。运行机制是学校生存与发展的内在功能和动力机制,它指导和制约着办学单位的决策行为以及人、财、物等相关资源的配置和活动。地方高校在构建继续教育运行机制时,应全面考虑内外部因素的相互作用和影响,建立协调、灵活、高效的运行机制体系。这包括决策机制、执行机制、监督机制等各个方面的构建和完善。通过优化运行机制,地方高校可以确保各项任务目标的顺利实现和达成,为继续教育的质量提升提供有力的机制保障。

第四,继续教育办学过程的管理。项目运行过程管理的质量直接决定着项目的整体质量和成效。因此,地方高校必须高度重视继续教育办学过程的管理和控制。这一过程管理涵盖了项目开发的策划与立项、市场营销的推广与宣传、教学管理的组织与实施、后勤保障的支持与服务、质量控制的标准与流程以及行政财务管理的规范与透明等多个方面和环节。每一个环节都需要精心策划、周密组织和严格执行,以确保教育质量的全面提升和持续改进。

第五,满意度的反馈。满意度是对继续教育培训质量的直接反映和评价指标。通过满意度调查和信息反馈机制的建立,地方高校可以及时了解学生、教职员工以及社会对继续教育的满意度情况。这有助于地方高校及时发现质量问题和不足之处,为质量的持续改进和提升提供第一手的信息和数据支持。满意度包括学生满意度、员工满意度和社会满意度等多个维度和层面,地方高校应全面关注并重视这些维度的满意度情况,以不断提升继续教育的整体质量和水平。

第六,时事声音和特殊事件的处理。在面对某些时事热点或特殊事件时,地方高校应积极发声并妥善应对和处理。通过及时、准确、透明的信息发布和沟通机制,地方高校可以最大限度地发挥其积极影响和作用,减少消极影响和负面影响。这不仅有助于提升地方高校的知名度和美誉度,还能对继续教育质量的传播和提高产生积极的意义和影响。地方高校应建立健全特殊事件的处理机制和应急预案,确保在面对各种情况和挑战时能够迅速、有效地作出应对。

第三节　地方高校继续教育全面质量管理的意义

一、继续教育全面质量管理是顺应继续教育大众化的必然趋势

自改革开放几十年以来,中国经济经历了前所未有的快速增长,为高等教育领域带来了广阔的发展空间和前所未有的机遇,促使其步入了一个崭新的快速发展阶段。特别是在 20 世纪末,随着高等教育规模的显著扩大,我国已正式进入高等教育大众化阶段。在这一宏观背景下,继续教育作为高等教育体系中的一个重要组成部分,也自然而然地沿着大众化的轨迹发展。

继续教育的大众化不仅体现在数量上的显著增长,更伴随着一系列深层次的"质"的变革。这些变革包括教育质量观念的更新、教育功能的拓展与深化、培养目标与培养模式的多元化发展、招生条件的灵活化调整、教学计划与教学模式的多样化探索,以及教育管理方式、高校与社会关系的重新定位与调整等。

随着继续教育的广泛普及与深入发展,其质量问题逐渐凸显,成为继续教育领域研究的核心议题。相较于精英教育,继续教育因其广泛的覆盖面而对社会产生了更为深远和广泛的影响。继续教育质量问题不仅成为各国继续教育改革与研究的焦点,也引起了全社会的普遍关注。在继续教育大众化的浪潮推动下,社会各界对继续教育及其质量的关注度达到了前所未有的高度。继续教育作为国家科技、经济和社会发展的重要人力资源支撑,其质量水平直接关系国家的整体发展实力与综合竞争力。因此,确保继续教育人才培养的质量,已成为高校、企业、政府及社会各界共同关注的焦点,教育质量管理的重要性日益凸显。

二、继续教育全面质量管理是市场经济发展的必然要求

继续教育质量管理模式需随社会经济条件的变化而适时调整与优化。在社会主义市场经济体制下,我国继续教育体系经历了深刻而广泛的变革。地方高校开始更加积极主动地面向社会、面向市场,其社会影响力和作用力与日

俱增。政府、社会与高校三者共同构成了继续教育质量保障的核心力量,相互协作,共同推动继续教育质量的提升。

继续教育不仅承担着人才培养的重要职责,还需培养适应市场经济建设需求的高素质人才。这既要求继续教育提供高质量的科技成果,又需具备将科技成果有效转化为现实生产力的能力。同时,继续教育还需为政府决策、社会咨询、校企合作等多方面提供全方位的服务。通过持续深入地研究与实践继续教育质量管理,构建以社会和市场调节为基础、政府宏观调控为引导、高校自主管理为核心的继续教育质量保障体系,对于继续教育在普及过程中适应市场经济发展的需求具有至关重要的作用。

三、继续教育全面质量管理促进继续教育的可持续发展

继续教育全面质量管理通过构建科学、规范的质量管理体系,为继续教育的可持续发展奠定了坚实的基础。首先,全面质量管理强调以客户为中心,即以满足学习者的需求为首要目标。在继续教育领域,这意味着地方高校需要深入了解学习者的学习需求、职业发展规划以及个人兴趣爱好,从而提供个性化、差异化的教育服务。通过实施全面质量管理,地方高校能够建立与学习者的紧密联系,及时了解并响应其需求变化,从而增强学习者的满意度和忠诚度,为继续教育的长期发展赢得稳定的生源基础。其次,全面质量管理注重过程的持续改进和优化。在继续教育过程中,地方高校需要不断审视教学计划的合理性、教学方法的有效性以及教学资源的充足性,通过收集、分析相关数据,及时发现并解决存在的问题。这种持续改进的过程不仅有助于提升教育质量,还能够增强地方高校的适应性和灵活性,使其能够更好地应对市场变化和教育改革的挑战,从而实现继续教育的可持续发展。最后,全面质量管理强调全员参与和团队协作。在地方高校继续教育的管理中,教师、管理人员、服务人员以及学习者等都是质量管理的重要参与者。通过激发全员的积极性和创造力,形成共同的质量意识和质量目标,地方高校能够凝聚强大的合力,共同推动继续教育的质量提升和可持续发展。

四、继续教育全面质量管理是应对国际化挑战的关键举措

在全球化背景下,地方高校继续教育面临着来自国际市场的激烈竞争和

严峻挑战。全面质量管理作为提升教育质量和管理水平的有效手段,成为地方高校应对国际化挑战的关键举措。一方面,全面质量管理有助于地方高校提升国际竞争力。通过实施全面质量管理,地方高校能够建立与国际接轨的教育质量标准和管理体系,提高教育服务的国际认可度和竞争力。这不仅能够吸引更多国际学习者前来就读,还能够为地方高校开展国际合作与交流提供有力支撑。另一方面,全面质量管理有助于地方高校适应国际教育市场的变化。在国际化进程中,国际教育市场的需求和竞争态势不断变化,地方高校需要具备快速响应和适应市场变化的能力。通过全面质量管理,地方高校能够建立敏锐的市场洞察机制和灵活的应对策略,及时调整教育服务的内容和方式,以满足国际教育市场的需求。

此外,全面质量管理还能够促进地方高校与国际教育机构的合作与交流。在全球化背景下,国际教育合作与交流日益频繁,地方高校需要通过与国际教育机构的合作来提升自身的教育水平和国际影响力。而全面质量管理作为一种国际通用的管理理念和方法,能够为地方高校与国际教育机构的合作提供共同的语言和平台,促进双方在教育质量管理和教学方法等方面的深入交流与合作。

第四节 地方高校继续教育全面质量管理的对策研究

一、地方高校继续教育人、物、事的质量管理

(一)人的质量管理

人的质量管理体现在以下方面(图6-3):

1.领导层的重视

在地方高校的教育体系中,继续教育的战略定位需得到领导层的重视。作为高校教育职能的重要组成部分,继续教育不仅承载着服务社会、促进知识转化与应用的重任,也是全面质量管理实施过程中的一个关键环节。地方高校领导层需深入认知继续教育在学校整体发展战略中的核心地位,通过制定

```
┌─────────────────────────────┐
│                             │
│         领导层的重视          │
│                             │
└─────────────────────────────┘

┌─────────────────────────────┐
│                             │
│        员工队伍的专业化        │
│                             │
└─────────────────────────────┘

┌─────────────────────────────┐
│                             │
│         校友资源的利用         │
│                             │
└─────────────────────────────┘
```

图6-3 人的质量管理

具有前瞻性的长远规划,为继续教育提供坚实的政策支撑和充足的资源配置,从而确保其战略地位得以巩固,并在持续发展中得到提升。

2.员工队伍的专业化

员工队伍的专业化建设与管理,是保障继续教育项目实施效果与质量的基础。地方高校需构建健全的员工培训体系,该体系应针对不同岗位和职责的特定需求,定期开展具有针对性的专业培训。对于新入职员工,应提供系统的岗前培训,以帮助他们迅速适应工作环境,融入团队;对于项目主管、策划人员及班主任等关键岗位人员,则需开设专业技能水平和管理能力提升的高级课程,旨在规范项目过程管理,提高其工作效率和管理水平。此外,地方高校还应建立科学的员工绩效考核机制,将继续教育工作的表现作为评价体系的重要组成部分,以此激励员工积极参与培训,不断提升自身的专业素养和综合能力。

3.校友资源的利用

校友资源在地方高校继续教育中具有独特的价值,其组织与管理机制的优化显得尤为重要。地方高校应致力于建立完善的校友信息库,以加强校友与学校的紧密联系和有效沟通。通过定期策划并举办校友论坛、专题讲座等活动,为校友与学校搭建起合作交流的广阔平台,鼓励校友为学校的继续教育事业提供资金援助、技术支持和宝贵经验。同时,地方高校应专门设立校友事务部门,全面负责校友关系的维护和校友资源的深度开发,以充分挖掘和发挥校友在推动继续教育发展中的积极作用,为地方高校的继续教育事业注入新的活力。

(二)物的质量管理

1.教材与教学项目的研发整合及竞争规避

地方高校在继续教育领域的发展,其核心竞争力的构建离不开教材与教学项目的研发。这一环节不仅是学术创新与知识传递的基础,也是促进地方经济发展潜力释放的重要途径。鉴于此,相关政策应明确支持并鼓励此类研发活动,为项目的深入探索与实际应用提供坚实的政策保障与经济支撑。在研发能力的培育上,针对可能存在的项目抄袭及同质化竞争现象,地方高校应采取积极的引导与监管并重策略。具体而言,地方高校应优先鼓励并引导创新项目的开发,同时对于已发现的同质化项目采取必要的惩罚措施,以此维护研发环境的健康与活力,促进原创性成果的涌现。

2.正能量宣传机制的强化

继续教育作为终身学习体系的重要组成部分,其正面形象的塑造与传播对于吸引更多学习者参与、提升社会认可度具有重要意义。地方高校应通过多种渠道与形式,如官方网站的信息展示、精美宣传册的设计与发放等,全面而系统地宣传继续教育的独特价值与成功案例,旨在扩大其社会影响力,彰显教育特色。

3.质量管理标准化体系的推进

构建并完善继续教育质量管理标准化体系,是确保教学质量、实现全面质量管理的基石。地方高校应着手于将复杂的教学管理过程细化为一系列可操作、可衡量的标准流程,为每一个教学环节设定清晰明确的执行标准与操作步骤。这其中包括但不限于质量手册的编制,用以指导整体质量管理方向;学生手册的制定,以保障学生权益,明确学习规范;以及员工手册的完善,确保教职员工职责明确,教学服务标准化。

4.硬件设施的投入与升级

为了给学生提供更加优质的学习与生活环境,地方高校需加大对基础设施的投资力度。这可通过多渠道资金筹集实现,包括申请政府办学经费、合理利用学校运营剩余资金、设立专项发展基金等。资金应重点投向教室设施的现代化改造、图书馆资源的丰富与更新、学习空间的灵活布局、体育设施的完善、食堂卫生条件的提升以及宿舍居住环境的优化,从而全面提升硬件设施的档次,满足学生多元化需求,同时树立良好的学校形象。

5.校园环境的合理利用与共享策略

针对校园环境使用过程中可能出现的师生矛盾,特别是因资源分配不均或使用时间冲突导致的校园秩序问题,地方高校应采取科学合理的管理措施。一方面,地方高校应通过实施分批次、低密度的校园准入制度,有效缓解高峰时段的校园压力,减少交通拥堵等现象,提升师生对校园环境使用的满意度;另一方面,地方高校应加强正能量宣传教育的力度,通过举办各类主题活动、讲座及宣传工作,逐步改变师生对继续教育可能存在的误解或抵触情绪,从根本上促进校园资源的共享与和谐利用。

6.财务管理的规范化实践

在财务管理层面,地方高校需妥善处理学校整体利益与学科发展之间的平衡关系,确保资金分配既能支持学校中心工作的顺利开展,又能为教学项目的研发提供充足支持。同时,地方高校应建立健全的财务监管机制,明确学校中心收入与项目研发投入的合理配比,确保教育资源的有效配置。此外,对于教师报酬的设定,应严格遵循国家法律法规,确保报酬的合理性与合法性,以此激发教师的工作积极性,保障教学质量与效率的持续提升。通过上述措施的实施,地方高校能够在继续教育的物资管理与优化方面取得显著成效,为地方经济社会发展贡献更多力量。

(三)事的质量管理

1.办学实体内部企业化管理运作模式的构建

随着市场经济的深入发展,企业化管理理念逐渐渗透到教育领域,为办学实体带来了新的发展机遇和挑战。构建办学实体内部的企业化管理运作模式,旨在通过引入市场竞争机制,提高教育资源的配置效率,增强办学实体的自我发展能力。具体而言,这一模式的构建需要从组织架构、管理制度、激励机制等多个方面入手。首先,地方高校要优化组织架构,明确各内设部门职责,形成高效协同的工作机制。其次,地方高校要建立健全管理制度,包括财务管理、人力资源管理、教学质量管理等,确保各项工作有章可循、有据可查。最后,地方高校要建立科学的激励机制,通过绩效考核、奖励与惩罚等手段,激发教职工的工作积极性和创造力。

在实践中,办学实体可以借鉴企业的管理经验,如引入项目管理方法,对教学活动进行精细化管理;采用目标管理理念,设定明确的发展目标,并层层分解落实到个人;同时,办学实体还可以建立信息反馈机制,及时收集和处理来自学生、教师及社会各界的意见和建议,不断优化管理策略。

2.继续教育学院与专业学院办学定位的清晰界定

继续教育学院作为高校继续教育工作的协调和实施部门,其办学定位应与专业学院有所区分,以满足不同人群的学习需求。清晰界定两者的办学定位,有助于明确发展方向,优化资源配置,提高教育质量。继续教育学院应定位于为在职人员、转岗人员及社会各界人士提供灵活多样的继续教育服务,注重实用性和针对性,强调技能培养和知识更新。在课程设置上,继续教育学院应紧密结合市场需求和行业发展趋势,开设具有前瞻性和实用性的专业课程。同时,继续教育学院还应加强与企业的合作,开展校企合作项目,为学生提供实习实训机会,增强其就业竞争力。专业学院则应以培养高素质专业人才为目标,注重学术性和创新性,强调理论基础和科研能力。在课程设置上,应涵盖广泛的学科领域,为学生提供系统的专业知识体系。此外,专业学院还应加强与国际教育机构的交流与合作,拓宽学生的国际视野,提升其跨文化交流能力。

3.继续教育办学过程管理的强化措施

继续教育办学过程管理是确保教育质量的关键环节。为了强化这一过程管理,可以采取以下措施:一是建立健全教学质量监控体系。通过定期的教学检查、学生评价、同行评议等方式,对教学质量进行全面监控和评估,及时发现并解决问题。同时,我们还可以建立教学督导制度,聘请经验丰富的教师或专家对教学过程进行指导和监督。二是加强师资队伍建设。教师是教学质量的决定性因素。因此,我们应加大对教师的培训力度,提高其教学水平和科研能力。同时,还可以引进优秀人才,优化师资结构,提高整体教学质量。三是完善教学设施和资源。教学设施和资源是教学活动的基础。我们应加大对教学设施和资源的投入力度,更新教学设备,丰富教学资源库,为师生提供良好的教学条件和学习环境。四是强化学生管理。学生是教学活动的主体。我们应加强对学生的管理和服务,建立健全学生管理制度,规范学生行为;同时,我们还应关注学生的心理健康和成长需求,为其提供必要的心理支持和辅导服务。

4.沟通反馈机制的建设与强化策略

畅通有效的沟通反馈渠道对于及时发现并妥善解决继续教育服务中存在的问题具有至关重要的作用。地方高校应设立多样化的沟通平台,如意见箱、投诉热线等,以便及时收集并响应学习者的意见与建议,敏锐捕捉继续教育服务中的潜在问题,并迅速采取针对性的改进措施。此外,地方高校还可充分利用现代信息技术手段,如微信等社交媒体平台,开展在线满意度调查,直接获取学习者的第一手反馈信息,精准定位问题所在,并持续保持改进与创新的态势,不断提升继续教育服务的整体品质与学习者满意度。

二、地方高校继续教育质量管理的优化策略

地方高校继续教育质量管理的优化策略具体如下(图6-4):

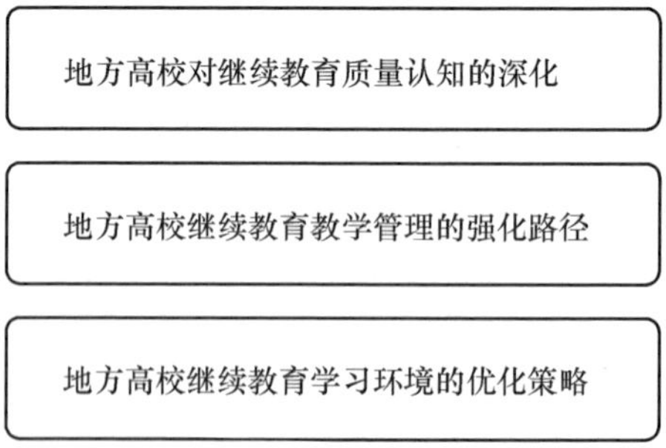

```
┌─────────────────────────────────┐
│  地方高校对继续教育质量认知的深化  │
└─────────────────────────────────┘

┌─────────────────────────────────┐
│  地方高校继续教育教学管理的强化路径  │
└─────────────────────────────────┘

┌─────────────────────────────────┐
│  地方高校继续教育学习环境的优化策略  │
└─────────────────────────────────┘
```

图6-4 地方高校继续教育质量管理的优化策略

（一）地方高校对继续教育质量认知的深化

1.确立正确的质量观念

地方高校在继续教育质量管理中，首要任务是确立正确的质量观念。质量是继续教育的生命线，是地方高校赢得社会认可、提升竞争力的关键。因此，地方高校应树立"质量第一"的理念，将提高教学质量作为继续教育的核心任务。这要求地方高校在继续教育的规划、实施、评估等各个环节，都要以质量为导向，确保教学活动的针对性和实效性。为了确立正确的质量观念，地方高校需要加强对继续教育质量的研究。通过深入分析继续教育的特点、规律以及社会需求，明确继续教育的质量标准和要求。同时，地方高校还应积极借鉴国内外先进的质量管理理念和方法，不断完善自身的质量管理体系，提高教学质量的科学性和规范性。

2.强化质量意识教育

地方高校在深化对继续教育质量认知的过程中，还需要加强质量意识教育。质量意识是地方高校师生共同遵循的价值观和行为准则，是确保教学质量的重要保障。因此，地方高校应通过多种途径和形式，如举办质量论坛、开展质量月活动、设立质量奖等，增强师生的质量意识，激发他们追求高质量教学的积极性和主动性。此外，地方高校还应将质量意识教育融入日常教学和管理中。通过课堂教学、实践操作、案例分析等方式，引导师生树立正确的质量观念，培养他们的质量素养和实践能力。同时，地方高校还应加强对教学质量的监督和评估，及时发现和解决教学质量问题，确保教学活动的持续改进和提高。

3.建立完善的质量评价体系

地方高校在深化对继续教育质量认知的过程中，还需要建立完善的质量评价体系。质量评价体系是衡量教学质量的重要工具，是地方高校进行教学质量管理的基础。因此，地方高校应根据继续教育的特点和需求，制定科学合理的质量评价标准，明确评价的内容、方法和程序。在建立质量评价体系时，地方高校应注重评价的全面性和客观性。既要关注教学成果的数量和质量，也要关注教学过程的规范性和创新性。同时,地方高校还应充分发挥学生、教师、用人单位等多方面的评价主体作用,确保评价结果的公正性和准确性。通过建立完善的质量评价体系,地方高校可以及时了解教学质量的现状和问题,为教学质量的持续改进提供有力支持。

(二)地方高校继续教育教学管理的强化路径

1.优化课程设置与教学内容

地方高校在继续教育教学管理中,应首先关注课程设置与教学内容的优化。课程设置是教学活动的框架和基础,教学内容是教学活动的核心和灵魂。因此,地方高校应根据继续教育的特点和需求,科学合理地设置课程,确保课程的针对性和实用性。在课程设置方面,地方高校应充分考虑学生的实际需求和学习特点,设置符合学生职业发展和社会需求的课程。同时,地方高校还应关注新兴领域和热点问题的发展动态,及时调整和更新课程内容,确保课程的前沿性和时效性。在教学内容方面,地方高校应注重理论与实践的结合,既传授理论知识,又培养学生的实践能力和创新精神。通过优化课程设置和教学内容,地方高校可以提高教学活动的吸引力和感染力,激发学生的学习兴趣和积极性。

2.加强师资队伍建设

地方高校在继续教育教学管理中,还应加强师资队伍建设。教师是教学活动的主体和灵魂,教师的素质和能力直接影响教学质量。因此,地方高校应高度重视师资队伍的建设和管理,提高教师的专业素养和教学水平。为了加强师资队伍建设,地方高校可以采取多种措施。一方面,地方高校可以加大引进力度,吸引更多具有高素质和丰富经验的教师加入继续教育行列;另一方面,地方高校可以加强对现有教师的培训和提高,通过举办培训班、研讨会、学术交流等活动,提升教师的专业素养和教学能力。同时,地方高校还应建立完善的教师评价机制,对教师的教学质量进行定期评估和考核,激励教师不断提高教学质量和水平。

3.完善教学管理制度

地方高校在继续教育教学管理中,还需要完善教学管理制度。教学管理制度是规范教学活动、保障教学质量的重要基础。因此,地方高校应根据继续教育的特点和需求,制定完善的教学管理制度,明确教学管理的职责、流程和要求。在完善教学管理制度时,地方高校应注重制度的科学性和可操作性。既要确保制度的严谨性和规范性,也要考虑制度的灵活性和适应性。同时,地方高校还应加强对教学管理制度的宣传和执行力度,确保制度的有效落实和执行。通过完善教学管理制度,地方高校可以规范教学活动,提高教学管理的效率和水平,为教学质量的持续提升提供有力保障。

4.强化教学过程管理

地方高校在继续教育教学管理中,还应强化教学过程管理。教学过程是教学活动的核心环节,是教学质量形成的关键过程。因此,地方高校应加强对教学过程的监督和管理,确保教学活动的顺利进行和教学质量的稳步提升。

为了强化教学过程管理,地方高校可以采取多种措施。一方面,地方高校可以建立完善的教学监控机制,对教学活动进行实时监控和评估,及时发现和解决教学过程中的问题;另一方面,地方高校可以加强对教学过程的督促和检查,定期对教学计划的执行情况、教学质量的达成情况等进行检查和评估。同时,地方高校还应鼓励教师和学生积极参与教学过程管理,发挥他们的主体作用和创造精神,共同推动教学过程的持续改进和提高。

(三)地方高校继续教育学习环境的优化策略

1.改善教学设施条件

地方高校在继续教育学习环境的优化中,应首先关注教学设施条件的改善。教学设施是教学活动的重要支撑和保障,其质量和水平直接影响教学效果和学习体验。因此,地方高校应加大对教学设施的投入力度,改善教学设施条件,为师生提供更好的教学和学习环境。为了改善教学设施条件,地方高校可以采取多种措施。一方面,地方高校可以加大资金投入,用于购置先进的教学设备和器材,如多媒体教室、实验室、图书馆等;另一方面,地方高校可以加强对现有教学设施的维护和更新,确保设施的正常运行和良好使用。同时,地方高校还应关注教学设施的安全性和环保性,确保设施符合相关标准和要求,为师生提供一个安全、健康、舒适的教学和学习环境。

2.营造积极向上的校园文化氛围

地方高校在继续教育学习环境的优化中,还应营造积极向上的校园文化氛围。校园文化是地方高校的精神风貌和文化底蕴的体现,对于师生的成长和发展具有潜移默化的影响。因此,地方高校应高度重视校园文化的建设和管理,营造积极向上的校园文化氛围,激发师生的学习热情和创造精神。为了营造积极向上的校园文化氛围,地方高校可以采取多种措施。一方面,地方高校可以举办丰富多彩的校园文化活动,如学术讲座、文艺演出、体育赛事等,丰富师生的课余生活,拓宽他们的视野和知识面;另一方面,地方高校可以加强对校园文化的宣传和推广,通过校园网、宣传栏、校报等渠道,传播校园文化的正能量和价值观。同时,地方高校还应鼓励师生积极参与校园文化的建设和管理,发挥他们的主体作用和创造精神,共同推动校园文化的繁荣发展。

3.加强学风建设

地方高校在继续教育学习环境的优化中,还需要加强学风建设。学风是地方高校的学习氛围和学术风气的体现,对于师生的学习态度和行为具有重要影响。因此,地方高校应高度重视学风的建设和管理,营造良好的学风氛围,激发师生的学习动力和进取心。为了加强学风建设,地方高校可以采取多种措施。一方面,地方高校可以加强对学生的学习纪律和学术规范的教育和管理,引导学生树立正确的学习观念和学术态度;另一方面,地方高校可以建立完善的激励机制和奖惩制度,对学习成绩优异、学术成果突出的学生进行表彰和奖励,对违反学术规范和行为不端的学生进行严肃处理。同时,地方高校还应加强对教师的师德师风建设,引导教师树立良好的教学态度和职业操守,为学生的成长和发展树立榜样。

4.推进信息化建设

地方高校在继续教育学习环境的优化中,还应积极推进信息化建设。信息化是现代社会发展的重要趋势,对于提高教学效率和学习效果具有显著作用。因此,地方高校应充分利用信息技术手段,推进信息化建设,为师生提供更加便捷、高效的教学和学习服务。为了推进信息化建设,地方高校可以采取多种措施。一方面,地方高校可以加大信息化基础设施的投入力度,完善校园网、教室多媒体设备等信息化设施,为师生提供良好的信息化教学和学习环境;另一方面,地方高校可以加强信息化教学资源的开发和利用,建设在线课程、教学视频、电子图书等信息化教学资源库,丰富师生的教学和学习资源。同时,地方高校还应加强对师生的信息化技能培训和提高,提高他们的信息化素养和实践能力,为信息化教学的顺利开展提供有力保障。

参 考 文 献

[1]包华影.高校继续教育变革与发展[M].北京:高等教育出版社,2019.

[2]陈攀峰.新时代高校继续教育创新研究[M].长春:吉林人民出版社,2019.

[3]刘丽梅,高伟明.继续教育发展与信息化管理探索[M].西安:西北工业大学出版社,2022.

[4]敖雪洋.普通高校继续教育转型与非学历发展研究[J].继续教育研究,2023(4):11-15.

[5]陈欢,张兰.产教融合背景下继续教育人才培养模式研究[J].产业创新研究,2024(20):181-183.

[6]陈俊.高校继续教育服务地方经济社会发展的路径研究[J].科技资讯,2020,18(35):251-253.

[7]陈文玲.教育创新发展背景下高校继续教育的战略转型[J].湖北开放职业学院学报,2020,33(19):9-10.

[8]傅昌盛,黄利娟.普通高校继续教育管理体制反思[J].成人教育,2015,35(8):79.

[9]郭秀丽.地方高校继续教育定位问题研究[J].继续教育研究,2015(8):42.

[10]何家旭.数智化时代高校继续教育智慧化发展[J].继续教育研究,2024(6):1.

[11]解丹阳.地方高校继续教育转型发展的路径探寻[J].职业技术教育,2018,39(8):21.

[12]鞠永熙.地方高校继续教育科学发展的路径[J].继续教育研究,2011(8):9.

[13]李红燕,陈峰,孟力沛,等.高校继续教育机构组织文化建设研究[J].中国成人教育,2017(23):123-125.

[14]林静,李湘华,谌雷.我国终身教育政策助力高校继续教育转型的发展策略[J].继续教育研究,2023(2):1-5.

[15]刘兰兰,乐传永.近40年来我国高校继续教育研究的进展与前瞻[J].终身教育研究,2021,32(5):68-76.

[16]刘莹,杨淑萍.地方高校产教融合机制下的继续教育培养模式[J].继续教育研究,2024(3):1-6.

[17]陆丽平.终身教育视角下地方高校继续教育内涵式发展[J].继续教育研究,2024(6):17-22.

[18]吕松.普通地方高校成人继续教育过程中存在的问题及对策[J].考试周刊,2014(9):159-160.

[19]曲学进.新时代普通高校继续教育转型与重构路径研究[J].继续教育研究,2023(2):16-20.

[20]沈国琴,何金旗.高校继续教育与社区教育融合发展模式研究[J].创新创业理论研究与实践,2020,3(17):21-23.

[21]孙萍.地方高校继续教育内涵式发展探析[J].继续教育研究,2015(10):14.

[22]王保成,杨辉霞.地方应用型高校继续教育转型发展的新思考[J].继续教育研究,2021(1):5-8.

[23]王凤,董少林.供给侧改革下地方高校继续教育人才培养质量提升研究[J].安徽工业大学学报:社会科学版,2020,37(2):112-113+116.

[24]王媛.新时期地方高校继续教育供需矛盾及其消解[J].职教通讯,2021(12):80-87.

[25]吴洁.新时代地方高校非学历继续教育发展现状及对策研究[J].科学咨询:科技·管理,2022(7):124-126.

[26]吴学松.地方高校继续教育转型发展策略论析[J].成人教育,2020,40(9):12.

[27]向彦.后MOOC时代高校继续教育的发展趋势探索[J].科学咨询:科技·管理,2021(7):21.

[28]邢长明,杨林,刘一良."互联网+"时代地方高校继续教育信息化建设的问

题与对策[J].中国成人教育,2018(21):123.

[29]修瑛昌,杨扬.地方高校继续教育助力乡村振兴研究[J].山西农经,2024(24):13-16.

[30]徐吉洪,陈晓倩,赵玥."双一流"建设背景下地方高校继续教育内涵发展研究[J].终身教育研究,2021,32(5):77-81.

[31]闫新娟,严亚周.MOOCS视角下地方高校继续教育质量管理再造[J].继续教育研究,2021(4):29-32.

[32]张霞燕.地方高校继续教育资源整合创新路径[J].宁波大学学报:教育科学版,2017,39(1):76-80.

[33]章坤.地方高校继续教育在线教学"四维·四性"质量保障体系[J].继续教育研究,2022(9):1-5.

[34]赵富学,王发斌.高校继续教育服务地方经济发展方式的能力转变研究[J].继续教育研究,2012(1):13.

[35]赵君.乡村振兴战略背景下高校继续教育人才培养模式[J].继续教育研究,2024(10):1-5.

[36]祝军.新时代地方高校继续教育转型路径优化研究[J].中国成人教育,2019(8):78.

[37]谢勇旗.校企合作培养"双师型"职教师资机制研究[D].天津:天津大学,2014:56.